ARCHITECTURE

COMMUNALE

IMPRIMERIE J. CLAYE
RUE SAINT-BENOIT 7
PARIS

ARCHITECTURE
COMMUNALE

HOTELS DE VILLE, MAIRIES, MAISONS D'ÉCOLE
SALLES D'ASILE, PRESBYTÈRES, HALLES ET MARCHÉS
ABATTOIRS, LAVOIRS, FONTAINES, ETC.

PAR

M. FÉLIX NARJOUX

ARCHITECTE DE LA VILLE DE PARIS

AVEC UNE PRÉFACE DE M. VIOLLET-LE-DUC

PREMIÈRE SÉRIE

Notices descriptives. — Planches I à LII

PARIS

Vve A. MOREL ET Cie, LIBRAIRES-ÉDITEURS

13, RUE BONAPARTE, 13

1870

TABLE DES MATIÈRES

I. — HOTELS DE VILLE. — MAIRIES. — MAISONS D'ÉCOLE.

II. — SALLES D'ASILE.

III. — PRESBYTÈRES.

IV. — MAISONS DE GARDE.

V. — CASERNES.

VI. — LAVOIRS.

VII. — HALLES ET MARCHÉS.

VIII. — ABATTOIRS.

IX. — HOPITAUX.

X. — MAGASINS DE POMPES A INCENDIE.

XI. — FONTAINES.

XII. — DIVERS.

PRÉFACE

Il est très-beau d'élever dans de grandes villes des monuments qui restent comme le sceau imprimé par la richesse et la splendeur d'un pays; mais quand, à côté de ces centres de population, on ne trouve plus, en parcourant les cités de troisième ordre, les simples communes, que des édifices publics insuffisants, mal disposés, mal bâtis et d'un goût équivoque ou prétentieux, il est permis d'admettre que l'état de civilisation de la contrée est, ou peu avancé, ou en pleine décadence. En effet, la marque la plus évidente de la civilisation d'un État est dans la répartition égale des expressions de l'art, de ce qui émane de l'intelligence. Lorsqu'il est question d'art et particulièrement des arts usuels ou utiles, si l'on veut — et de tous les arts utiles, l'architecture est le plus essentiel — on nous cite volontiers les Grecs; mais les conditions qui faisaient que les Grecs produisaient, en architecture, des œuvres d'art incomparables, ne sauraient se reproduire de nos jours. Chaque cité grecque était un centre de lumières, de développement intellectuel, de prospérité commerciale ou industrielle. Ces cités étaient émules ou rivales, mais elles conservaient une sorte d'autonomie, une indépendance qui laissait au développement de leurs aptitudes une entière liberté. L'idée de centralisation était étrangère et antipathique même au génie grec; et quand, par aventure, certaines cités prétendirent exercer une influence sur leurs voisins de même race, soit à l'aide de leurs richesses, soit par les armes ou de toute autre manière, elles se heurtèrent toujours contre des résistances invincibles. La supériorité, même incontestée, d'un de ces centres de civilisation ne pût entamer l'esprit local des cités d'un ordre secondaire. Aussi, bien qu'il y eût entre les arts pratiqués dans les différentes villes de la Grèce et de leurs colonies un caractère d'unité qu'on ne saurait méconnaître, on trouve dans ces membres épars de la grande famille Dorienne et Ionienne des œuvres toujours empreintes d'une originalité native qui indiquent une longue et savante pratique, des écoles persistantes et un goût local.

1

L'Empire romain inventa la centralisation gouvernementale et administrative, et quoique Rome eût la prétention de laisser à chaque contrée alliée ou réunie à l'Empire son culte, ses aptitudes, son génie, elle était trop puissante pour que cette tolérance fût sérieuse. Bientôt ces villes alliées ou soumises élevaient leurs édifices à l'instar de Rome et cherchaient à copier la capitale de l'Empire.

En Occident, après la ruine de la domination romaine, le système féodal fractionna de nouveau les vastes contrées comprises entre le Rhin et les deux mers en une multitude de petites seigneuries qui se groupèrent en provinces plus ou moins étendues. Défectueux au point de vue politique, ce système était favorable au développement de l'art. Il se forma ainsi des écoles provinciales qui progressèrent suivant leur propre génie, sans trop emprunter aux voisins. Les établissements religieux contribuèrent à donner à ces écoles une direction régulière, tout en tenant compte des besoins locaux, du climat, des matériaux, des traditions. Alors, sur toute la surface du territoire des anciennes Gaules, on vit s'élever des édifices qui ne le cédaient entre eux, ni par la forme, ni par le judicieux emploi des matériaux, ni par le goût. Les uns étaient élevés avec luxe, s'ils dépendaient de villes riches et populeuses; d'autres se bornèrent à satisfaire aux besoins les plus impérieux de populations pauvres, mais tous étaient conçus d'après un principe vrai et par cela même offraient autant de variétés que les conditions auxquelles ils étaient soumis étaient différentes. Ce sont les débris de ces constructions sages et originales que nos architectes studieux recherchent et relèvent avec amour, sans se rendre compte trop souvent, peut-être, des causes qui les ont fait élever : causes qui tiennent à un état social particulier et que ces architectes, malgré toute leur bonne volonté, ne pourront pas faire renaître.

Le système centralisateur inauguré de nouveau depuis l'Empire romain, par le XVIIᵉ siècle, détruisit en France ces écoles provinciales, et sous Louis XIV on envoyait de Paris des projets pour les édifices à bâtir dans les villes du royaume, ou tout au moins ces projets étaient-ils soumis au contrôle du surintendant Lebrun, qui, bien entendu, les faisait tous passer sous le laminoir officiel. Ainsi la vie des écoles locales se retira bientôt vers le centre; toute originalité de terroir s'effaça et la main-d'œuvre se ressentit rapidement des conséquences de la centralisation. Non-seulement les édifices provinciaux perdirent leur originalité, mais leur exécution devint défectueuse, et on vit se renouveler le mal qui avait déjà affecté l'art sous l'Empire romain : un développement exagéré de vitalité et de luxe au centre, l'ignorance, la pauvreté, l'imitation banale ou incomprise aux extrémités. Ce mal ne fit que s'accroître depuis la Révolution, qui fit disparaître toute distinction provinciale et soumit la France à un seul régulateur dont le tempérament est à Paris.

Si l'on voyage en France, ce n'est pas sans un sentiment de tristesse que l'on voit les édifices élevés dans les petites localités depuis soixante ans. Non-seulement ces édifices ne présentent aucun attrait au point de vue de l'art, mais encore sont-ils, la plupart, tellement défectueux, ils accusent une telle ignorance des principes les plus élémentaires de la construction, ils remplissent si gauchement leur objet, qu'on en vient à se demander s'ils n'ont pas été élevés par des populations dépourvues de toute lumière, ou par une invasion de barbares en l'absence des indigènes qui autrefois remplissaient ces contrées. Certes la centralisation administrative française a produit de grandes choses, elle a formé un corps de nation tellement compacte qu'on le peut considérer comme à l'abri des causes de décomposition qui ont fait périr les anciennes civilisations, mais elle a fait refluer vers le centre toute initiative, tout effort intellectuel et les arts peuvent être considérés comme la pierre de touche de cet état social. Est-ce à dire qu'il n'y ait pas de remèdes, et qu'avec les avantages incontestables que peut apporter au pays le système centralisateur, on ne puisse rendre la vie aux extrémités atrophiées aujourd'hui? qu'on ne puisse retrouver, avec tant d'autres biens perdus, ces qualités d'art dont la France fut si longtemps pourvue? Nous ne le pensons pas, et c'est à ce résultat que doivent tendre et que tendent en effet les esprits sérieux. La force, la puissance dont est pourvu le cœur ne doit pas être acquise aux dépens de l'atonie des extrémités; cela a pu se produire sous l'empire des Césars, cela peut être évité dans un siècle comme le nôtre, où l'unité n'exclut pas la liberté. Rendons à l'enseignement des arts la liberté qu'il a perdue sous prétexte de protection et nous verrons bientôt les écoles provinciales se développer.

Les quelques tentatives faites (nous ne dirons pas avec quelles peines et quels efforts) pour élever dans les départements, dans quelques petites localités, des édifices conçus d'après une donnée raisonnable, conforme aux besoins du pays, à la nature des matériaux et au mode admis par les ouvriers locaux, prouvent qu'avec un peu plus de liberté, avec un enseignement décentralisé, on arriverait rapidement à des résultats importants. M. Narjoux, en réunissant en corps d'ouvrage ces trop rares édifices, a fait une œuvre qui doit éclairer les esprits impartiaux. Il faut dire que son choix a dû être difficile, qu'il a dû voir bien des mairies, des presbytères, des écoles communales, des lavoirs et des marchés, avant d'en trouver qui fussent dignes d'être confiés à la gravure. Il faut ajouter qu'il ne saurait donner les exemples choisis comme des types irréprochables, comme des édifices réunissant toutes les qualités essentielles; mais cette œuvre, par cela même qu'elle était souvent ingrate, fait honneur à l'esprit de l'auteur; elle constate un effort déjà sensible, elle pose un jalon, donne un encouragement aux architectes de province, qui en ont un si grand besoin, isolés qu'ils sont, forcés de tout faire par eux-mêmes, de lutter contre la routine, contre la manie de copier les méthodes admises à Paris et dans deux ou trois grands centres; contre les *conseils des bâtiments* départementaux d'autant plus exclusifs qu'ils sont moins éclairés; contre les *connaisseurs* des localités possédés de la passion de faire exécuter pour leur commune le monument qu'ils ont vu dans le chef-lieu, lequel édifice est élevé à l'instar de ce qui se fait à Paris ou à Lyon. Mettre en lumière ces quelques tentatives d'autant plus méritoires qu'elles sont plus rares, est une bonne et saine pensée dont les conséquences doivent hâter la fin de cet état d'affaissement dans lequel se tenait l'architecture en province. Nous sommes convaincu que les architectes des départements le comprendront ainsi, et qu'ils feront en sorte de donner dans quelques années à M. Narjoux l'occasion de faire à l'ouvrage qu'il présente aujourd'hui au public un brillant appendice; qu'ils comprendront, en voyant les petits édifices présentés ici, que rien n'est indigne de l'artiste. En effet, n'est-il pas plus aisé de couvrir une façade, sans corrélations avec les dispositions intérieures, d'ornements empruntés de tous côtés, que de lui donner la forme, les dimensions, les proportions en raison de l'objet, que de la bâtir à l'aide des matériaux que fournit le pays, en employant le mode le plus économique, celui qui exigera le moins d'entretien? N'est-il pas plus facile de dissimuler des besoins sous de vaines décorations que de les accuser franchement, et de donner par cette expression vraie et claire un charme à la plus modeste structure. Il y a plus d'art souvent, dans une petite fontaine de village, dans un lavoir montrant à tous la réalisation sincère et judicieuse d'un programme, que dans certains édifices somptueux, dont le mérite le plus réel est de faire dire à chacun : « Cela a dû coûter bien cher! » En France, si le mal est contagieux, le bien l'est aussi, heureusement; le jour où les communes verront les étrangers s'arrêter devant leurs petits édifices, les examiner curieusement, les dessiner même parfois, elles comprendront que les imitations ridicules des grands monuments de la cité riche, excitant la risée, ne font pas leur affaire et que, chez nous, la simplicité vraie est une de ces qualités dont le charme ne s'altère jamais, parce qu'elle est la véritable marque du goût.

E. VIOLLET-LE-DUC.

INTRODUCTION

Le titre de notre ouvrage fait suffisamment connaître son but et sa destination : nous voulons offrir au public un recueil des divers genres de constructions qui s'élèvent dans les communes rurales, constructions de peu d'importance si l'on considère seulement leur étendue et leurs dimensions, mais d'un très-grand intérêt relatif si l'on se préoccupe du programme à satisfaire et des résultats à obtenir.

L'immense essor donné en ces dernières années aux constructions de la capitale a réagi dans les villes de province et se répand maintenant dans les communes les plus éloignées des grands centres; chaque village restaure ou reconstruit son église, élève une mairie ou un presbytère; ceux, plus en progrès, se préoccupent des besoins toujours croissants d'une civilisation exigeante et hâtive qui leur demande une salle d'asile, un hôpital, des fontaines, des lavoirs ou des marchés. C'est à ce développement, qui chaque jour augmente davantage, que nous avons voulu essayer d'apporter notre concours.

Nous n'avons pas l'intention et encore moins la prétention de donner des modèles à copier; à notre point de vue, cette marche eût été mauvaise, et les divers essais dans ce genre, tentés par l'administration centrale pour envoyer en province des types tout faits d'églises et de maisons d'école, prouvent que, dans l'ordre d'idées qui nous occupe, il y avait autre chose à chercher. En outre, et tous nos confrères le savent bien, un projet rédigé sans que son auteur ait en vue une exécution probable ou possible est un document incomplet, qu'on ne peut souvent consulter sans danger. Aussi n'avons-nous pas voulu préparer et présenter un certain nombre de projets pouvant se ployer aux diverses circonstances dans lesquelles un architecte est appelé à se trouver, des modèles en un mot : c'est à un ordre d'idées tout opposé que nous nous sommes arrêté.

Parmi les constructions communales existantes, nous avons autant que possible recueilli toutes celles qui étaient de nature à rentrer dans le cadre de notre publication, leur demandant, non pas la perfection, mais un bon côté, une particularité, une indication qui pût être profitable. Dans nos dessins, le lecteur trouvera parfois un côté discutable, un détail fâcheux; c'est qu'alors l'ensemble offrira une adroite combinaison pour sortir d'une difficulté ou pour satisfaire un programme particulier; c'est que l'œuvre générale présentera un judicieux et raisonné emploi des matériaux, un sage et prudent équilibre de la dépense, qualités sérieuses, indispensables et bien supérieures à celles dont le résultat est la vaine satisfaction que donne une décoration stérile, d'un goût parfois faux et souvent douteux.

A côté des planches dessinées viendra se joindre un texte dont les explications compléteront et faciliteront le travail que seront toujours obligés de faire l'homme du métier et l'artiste de goût, pour remplir la mission qui leur a été confiée, et satisfaire le programme qui leur a été imposé. Ce texte, qui accompagnera nos planches, en sera non-seulement le développement, mais il contiendra aussi, lorsque cela sera nécessaire, le résumé ou les documents officiels euxmêmes que l'architecte doit connaître et auxquels il est tenu de se conformer.

Les divisions adoptées pour le classement de notre ouvrage sont celles qu'indiquait la nature des édifices. Tous ceux de même espèce sont rangés sous le même titre; l'importance de la publication de chacun d'eux, le nombre de planches de leur monographie sont naturellement fixés par l'intérêt qu'ils présentaient, soit dans leur ensemble, soit dans leurs détails.

Voici le titre de chaque division dans l'ordre où elles devront être réunies après l'achèvement complet de l'ouvrage :

Titre I : *Hôtels de ville, mairies, justices de paix et maisons d'école.* — Titre II : *Salles d'asile.* — Titre III : *Presbytères.* — Titre IV : *Maisons de garde.* — Titre V : *Casernes de gendarmerie.* — Titre VI : *Lavoirs.* — Titre VII : *Halles et marchés.* — Titre VIII : *Abattoirs.* — Titre IX : *Hôpitaux.* — Titre X : *Magasins de pompes à incendie.* — Titre XI : *Fontaines et abreuvoirs.* — Titre XII : *Divers.*

La réunion des éléments nécessaires à notre publication nous a présenté des difficultés dont il est facile de se rendre compte; nos recherches ont toujours été longues et souvent infructueuses; aussi, malgré tous nos efforts, bien des œuvres originales et utiles ont pu échapper à nos investigations : nous comptons sur la bienveillance de nos confrères pour excuser les regrettables lacunes que nous sommes le premier à reconnaître.

Paris, 24 février 1869.

FÉLIX NARJOUX.

ARCHITECTURE COMMUNALE

TITRE I

HOTELS DE VILLE — MAIRIES — MAISONS D'ÉCOLE

§ 1. RENSEIGNEMENTS GÉNÉRAUX

La création des hôtels de ville, appelés aussi maisons communes et mairies, date du moyen âge, de l'époque de l'affranchissement des communes, alors que, sous la puissante influence de la liberté, elles voulurent, afin de consacrer leurs droits nouvellement conquis, construire un lieu de réunion pour leurs assemblées communales, des bureaux pour leurs administrations, et élever une tour d'où un signal appelât les citoyens à se réunir pour discuter leurs intérêts ou défendre leurs priviléges.

Le Nord surtout nous offre encore de nombreux exemples de semblables monuments, et par eux nous pouvons juger quelle était la grandeur des idées auxquelles obéissaient les constructeurs qui les ont élevés et quelle était l'importance attachée par les populations à ces édifices qui étaient leur bien, celui de la commune, celui de tous les citoyens.

Mais si, au moyen âge, les communes étaient riches et puissantes, elles n'étaient pas nombreuses; les grands centres de réunion monastiques ou séculiers absorbaient les hameaux dispersés, éloignés les uns des autres, et — si, pour ne pas entrer dans des détails trop longs ici, nous ne nous occupons ni de la France divisée en duchés, comtés, fiefs, etc., ni de la France divisée en provinces et bailliages, pour arriver à la France divisée en départements, à celle que nous a faite la Révolution de 1789, — nous voyons que c'est seulement alors qu'un classement bien précis, bien net, nous montre distinctement les centres de population divisés, séparés entre eux par une ligne fixe, certaine, suivant leur importance, leurs relations et leurs tendances.

Chaque groupe d'habitations ainsi constitué a conservé encore aujourd'hui le nom générique de commune. Chacune d'elles, ayant son administration propre, voulut comme ses opulentes aînées avoir aussi, non plus son hôtel de ville, le nom eût été trop prétentieux, mais sa maison commune, sa mairie.

L'édifice qu'on désigne de ce dernier nom devait, comme l'hôtel de ville des grandes cités, renfermer en lui tous les divers services administratifs communaux; seulement ces services étant plus restreints en nombre et en importance, l'édifice devint plus modeste suivant une proportion juste et naturelle.

Ainsi la commune chef-lieu de canton, car c'est là notre point de départ, est le centre de l'administration de la justice à son premier degré de juridiction; c'est, en général, un bourg assez populeux et, par suite, sa maison communale doit renfermer une salle de justice de paix avec ses dépendances, une salle du conseil municipal, les services administratifs, puis une école distincte pour les deux sexes.

Au-dessous du chef-lieu de canton vient la commune dont la population dépasse cinq cents habitants : sa mairie doit comprendre une salle de conseil municipal avec ses services administratifs et une école distincte pour les deux sexes.

Enfin, la commune dont la population n'atteint pas cinq cents habitants n'a plus besoin que d'une salle de conseil municipal avec des services administratifs bien restreints et une école mixte, c'est-à-dire commune aux enfants des deux sexes.

Il est évident que ces principales divisions que nous venons de tracer sont, dans l'application, sujettes à bien des modifications résultant soit de la réunion, soit de la séparation des services municipaux. En tenant donc compte des diverses combinaisons qui peuvent se produire, des circonstances qu'il est possible de prévoir, nous avons, pour faciliter notre travail, admis une division et un classement qui, bien que basés sur la nature des choses, n'en sont pas moins arbitraires et n'ont pour but, que de mettre de l'ordre dans la préparation de cette partie de notre ouvrage et de faciliter les recherches après son achèvement.

1° Maisons communes ne comprenant que les services administratifs;

2° Maisons communes pour chef-lieu de canton, comprenant une justice de paix, une mairie et une école distincte;

3° Maisons communes pour communes au-dessus de cinq cents habitants, comprenant une mairie et une école distincte;

4° Maisons communes pour communes au-dessous de cinq cents habitants, comprenant une mairie et une école mixte;

5° Écoles de garçons laïques;

6° Écoles de garçons congréganistes;

7° Écoles de filles laïques;

8° Écoles de filles congréganistes;

9° Écoles de filles et garçons distinctes mais occupant le même bâtiment, laïques ou congréganistes.

Les monographies publiées embrassent chacune de ces divisions, présentant deux ou trois exemples de constructions exécutées dans ces conditions.

DOCUMENTS OFFICIELS

Les administrations locales ont eu jusqu'à présent une grande latitude pour élever, suivant leur appréciation, les constructions renfermant leurs services municipaux proprement dits; il n'en a pas été de même des constructions scolaires, et diverses circulaires et décisions ministérielles ont réglé les conditions auxquelles elles devaient satisfaire.

Nous allons reproduire les plus importantes.

CIRCULAIRE MINISTÉRIELLE E DATE DU 30 JUILLET 1858

La première chose à rechercher pour l'établissement d'une école, c'est un lieu central, d'un accès facile et bien aéré. Quant à la maison, elle doit être simple et modeste, mais commode, isolée de toute habitation bruyante ou malsaine qui exposerait les enfants à recevoir des impressions, soit morales, soit physiques, non moins contraires à leurs mœurs qu'à leur santé. La salle de classe sera construite sur cave, planchéiée, bien éclairée, accessible aux rayons du soleil, et telle surtout que la disposition des fenêtres, garnies chacune d'un vasistas, permette de renouveler l'air facilement. Il faut enfin que l'habitation de l'instituteur et de sa famille soit composée de telle sorte qu'il puisse disposer de trois pièces au moins, y compris une cuisine et d'un jardin, autant que possible. Il est aussi à désirer qu'il y ait une cour fermée ou un préau pour réunir les élèves avant la classe et les garder en récréation.

Les dimensions de la classe doivent être proportionnées à la population scolaire. Cette population se détermine en prenant le nombre des enfants de sept à treize ans dans les communes où il y a des salles d'asile, et de cinq à treize ans dans toutes les autres.

L'aire de la classe doit présenter, par élève, une surface de 1 mètre carré et une hauteur de 4 mètres. L'expérience et la théorie démontrent que toute salle de classe, construite dans ces proportions, se trouve dans de bonnes conditions hygiéniques, et offrira les dispositions les plus convenables pour la direction méthodique d'une école. On tolérera cependant une hauteur de 3 mètres 30 centimètres dans les maisons qui ne sont pas construites à neuf.

Dans les écoles mixtes il faut veiller à ce que la classe soit divisée par une cloison, en deux parties, l'une pour les garçons, l'autre pour les filles. Dans toutes les écoles, les latrines doivent toujours être en vue de l'estrade du maître et divisées en deux cabinets distincts et isolés l'un de l'autre, dans les écoles réunissant les deux sexes,

———

A différentes époques cette circulaire a été l'objet non pas de modifications, mais d'interprétations faites par différents préfets dans leur département respectif. En voici les plus saillantes :

Prescription générale. — Une maison d'école doit, autant que possible, être placée dans un quartier tranquille. Une cour est indispensable, elle doit être située au midi et recevoir directement l'entrée des portes de la classe. Si les deux écoles de filles et de garçons sont réunies dans le même bâtiment, elles seront placées aux deux extrémités en attribuant à chacune d'elles une cour séparée. Les entrées seront distinctes et on évitera, si on peut, de les faire ouvrir sur une route ou rue passagère,

Séparation des enfants dans les écoles mixtes. — Une même école ne doit pas recevoir les enfants des deux sexes toutes les fois que la commune possède une population de 800 habitants (500 maintenant). Dans les classes où on réunit les enfants des deux sexes, ils doivent être séparés par une barrière de 1 mètre 50 centimètres de haut, traversant toute la salle et venant aboutir à l'estrade du maître.

Rapport de la population au nombre des enfants appelés à fréquenter les écoles. — Le rapport de la population d'une commune au nombre des enfants appelés à fréquenter l'école est, suivant les départements, de 13 ou 9 pour 100; on peut donc à peu près prendre une moyenne de 10 à 11 pour 100. C'est en prenant cette population pour base que doivent être combinées les dispositions et dimensions adoptées pour les salles des classes.

Surface nécessaire pour chaque élève. — La surface à attribuer à chaque élève dans les salles des classes

2

est au maximum de 1 mètre carré, et au minimum de 0,64 centimètres carrés, soit un carré ayant 0,80 centimètres de côté.

Hauteur des planchers. — La hauteur des planchers des salles devant contenir trente élèves et au-dessous sera de 3 mètres 50 centimètres; au-dessus de trente élèves, cette hauteur sera augmentée de 0,02 centimètres par élève jusqu'à 4 mètres.

Écoles mixtes. — Il ne peut être établi d'école mixte que dans les communes qui ne comptent pas 500 habitants; passé ce nombre, la commune doit entretenir une école de garçons et une école de filles, distinctes et séparées.

Écoles de filles. — En principe, il est à désirer que toutes les communes aient une école spéciale à chaque sexe; mais la loi n'a pas cru pouvoir imposer cette obligation aux communes qui ont moins de 500 âmes.

Quant au choix du local, qu'il s'agisse d'une location, d'une appropriation ou d'une construction, on recommande de se montrer facile. Les règles prescrites pour les écoles de garçons doivent évidemment être appliquées aux écoles de filles, en ce qui concerne la salubrité; on ne doit donc se départir en rien, sous ce rapport, de la juste sévérité apportée ordinairement à l'examen des plans qui sont soumis. Mais lorsqu'il n'y aura aucun intérêt de ce genre en péril et que des dispositions qui ne satisferaient pas complétement seront présentées, on les acceptera plutôt que d'exposer la commune à rester sans école de filles. La création d'une école de ce genre est un bienfait si grand que, pour l'acquérir, il faut se résigner à sacrifier quelques-unes de ces formalités minutieuses mais prudentes, qui, excellentes pour les temps ordinaires, deviennent une gêne inutile au moment où il faut installer un grand service en usant de toutes les bonnes volontés et de toutes les circonstances favorables. Sans doute, il serait préférable, surtout lorsqu'il s'agit d'une construction, d'établir les choses dans les meilleures conditions possibles et en prévision de l'avenir; mais nous serions loin de compter autant d'écoles si, dans l'origine et en exécution de la loi de 1833, on avait apporté dans l'approbation de ces constructions la rigueur qu'on y a mise depuis. Commençons par établir le mieux que nous pourrons les écoles de filles; lorsque les populations en auront vu les bons effets, elles ne reculeront pas devant les sacrifices que leur commandera la nécessité d'une amélioration. Mais, si on peut ne pas se montrer exigeant quant à la manière de construire, on ne doit jamais transiger sur les points qui intéressent la santé des élèves et des maîtresses.

Écoles de hameau. — L'article 3 de la loi veut que la commune fournisse à l'institutrice, ainsi qu'à l'instituteur dirigeant une école de hameau, un local convenable, tant pour leur habitation que pour la tenue de l'école, le mobilier de classe et un traitement.

Elle doit fournir à l'adjoint et à l'adjointe un traitement et un logement.

A ces premiers documents nous croyons devoir en ajouter un autre qui, bien que pris dans un autre pays que le nôtre, renferme des renseignements et des instructions dont il nous est facile de tirer profit.

PROGRAMME ARRÊTÉ PAR LE MINISTRE DE L'INSTRUCTION PUBLIQUE DU ROYAUME BELGE

LE 27 JUIN 1862

Emplacement. — Le terrain choisi pour la construction de l'école doit être sec, aéré, pourvu d'eau de bonne qualité, et, autant que possible, dans une position élevée et isolée. A la campagne et dans les villes, complétement séparé des habitations voisines, il doit être à l'abri de toute influence malsaine et assez isolé pour que les bruits du dehors ne puissent troubler l'ordre et le silence de l'école.

La proximité de l'église facilitera aux élèves la fréquentation de l'office divin, et à l'instituteur l'exercice des fonctions accessoires de clerc, sacristain ou organiste dont il peut être chargé.

Exposition et étendue du terrain et des bâtiments. — L'étendue du terrain et des bâtiments sera en rapport avec leur destination.

Dans les villes il doit y avoir des préaux séparés pour les élèves des deux sexes, et en outre, dans les campagnes, un jardin, un petit champ de culture.

La dimension des préaux peut être calculée à raison de trois mètres de superficie par élève.

L'exposition des salles d'école, c'est-à-dire des fenêtres destinées à les éclairer, doit être, autant que possible, au sud-est et au nord-ouest, de manière à les placer à l'abri des grands froids comme des chaleurs excessives, tout en facilitant le matin et l'après-midi l'accès des rayons solaires.

Mode de construction. — Les salles d'école de garçons seront, autant que possible, au rez-de-chaussée, la classe des filles au premier étage.

L'accès des salles sera, s'il se peut, protégé au moyen d'un porche ou d'un auvent qui défendra l'entrée contre l'air extérieur.

Il n'y aura qu'une marche à l'entrée.

Il sera défendu de cintrer les plafonds.

Il convient d'attirer l'attention des personnes chargées de dresser les plans sur les avantages de la forme rectangulaire qui permet de placer trois rangées de pupitres de front en laissant des couloirs d'une largeur suffisante entre les différentes classes, ce qui facilite la besogne de l'instituteur, tout en étant favorable aux progrès des élèves et au maintien de la discipline.

Chaque habitation doit contenir au moins les pièces suivantes :

1° Salle à manger ;

2° Cabinet d'étude pour l'instituteur, où l'on puisse recevoir les parents des élèves et les visiteurs de l'école ;

3° Trois chambres à coucher ;

4° Cuisine ;

5° Cave ;

6° Grenier ;

7° Lieux d'aisances ;

8° Petite étable dans les communes rurales.

Dimensions des salles. — A la rigueur, il suffit d'une superficie de 0,64 centimètres carrés par élève (un carré de 8 décimètres de côté), indépendamment de l'espace à laisser pour les couloirs et l'estrade.

La capacité doit donc dépendre, en grande partie, du plus ou moins de perfection et d'activité de la ventilation ; elle ne peut, en aucun cas, être inférieure à 3 mètres 50 centimètres cubes par enfant. Ainsi, par exemple, pour cinquante élèves il faudrait une salle de 10 mètres de long sur 7 mètres de large et 4 mètres 30 centimètres de haut au maximum, et 4 mètres au minimum.

Distribution de la lumière. — Les fenêtres des salles doivent être disposées, autant que possible, des deux côtés opposés, de manière à ce que la lumière vienne tomber latéralement sur les pupitres des élèves ; elles auront les dimensions ordinaires, c'est-à-dire 1 mètre 20 à 1 mètre 50 centimètres de largeur sur 2 mètres 50 à 2 mètres 70 centimètres de hauteur ; leur superficie totale sera au moins égale au vingtième de la capacité cubique de la salle.

Les carreaux inférieurs pourront être en verre dépoli pour empêcher la vue des objets extérieurs ; les carreaux supérieurs seront disposés de manière à pouvoir s'ouvrir à volonté, afin de faciliter l'action de la ventilation. Les côtés et le bas des fenêtres seront évasés pour faciliter l'introduction de la lumière. Si l'on se trouve dans l'impossibilité de les disposer des deux côtés de la salle, il importe au moins de les établir à la gauche des élèves. Les portes, comme il a déjà été dit, seront placées de façon à éviter les courants d'air, désagréables et dangereux.

Ventilation et chauffage. — La ventilation et le chauffage doivent être combinés de manière à maintenir dans les salles, quelle que soit la saison, une température moyenne de 14 à 15 degrés centigrades et à effectuer à chaque heure le renouvellement complet de l'air contenu dans chaque salle. A cet effet, on aura recours aux ventilateurs dont l'application est si généralement faite ou recommandée dans tous les lieux de réunion et qui se composent d'ouvertures à coudes pratiquées de distance en distance, dans les murs d'enceinte, à 1 m. 80 c. ou 2 mètres de hauteur, recouvertes de toile métallique et munies de registres modérateurs et conduits en forme d'entonnoir, établis dans le plafond et s'élevant à 1 mètre 50 centimètres de hauteur au-dessus de la toiture. Le nombre des ouvertures pour l'introduction de l'air frais et des conduits ou cheminées pour l'évacuation de l'air vicié doit dépendre de l'étendue des salles. Une seule cheminée d'évacuation suffit pour une salle de dimensions ordinaires. Le chauffage, en hiver, peut sans grande dépense être combiné avec la ventilation, en recourant au système des poêles à double enveloppe qui est usité dans un grand nombre d'établissements publics.

Bancs. — Pour que la circulation soit facile, il faut, entre chaque banc, une distance de 0,35 à 0,40 centimètres. Les tables ou pupitres seront élevés de 0,30 à 0,32 centimètres au-dessus des bancs; la largeur la plus convenable est de 0,40 centimètres et l'inclinaison de 0,002 millimètres par centimètre de largeur. L'estrade assez élevée pour que le maître puisse, de son siége, apercevoir les mains des élèves posées sur les pupitres.

La peinture au badigeon, couleur claire tirant de préférence sur le bleu, le vert ou le jaune, en évitant le blanc mat.

DÉCISION MINISTÉRIELLE EN DATE DU 30 JUILLET 1858

Le ministre secrétaire d'État au département de l'Instruction publique et des Cultes arrête ce qui suit :

ARTICLE PREMIER

Les conseils municipaux qui demandent des secours à l'État pour la construction, l'appropriation ou la réparation de locaux destinés à des écoles primaires ou à des salles d'asile, devront présenter, à l'appui de leur demande, indépendamment des pièces prescrites par les instructions ministérielles, un plan en double expédition des travaux à exécuter.

ART. CLE 2

Lorsqu'il aura été statué sur la demande de secours, les deux exemplaires des plans présentés seront renvoyés aux préfets, avec mention de l'approbation ministérielle. Un exemplaire sera remis au maire pour l'exécution des travaux. Le second exemplaire sera déposé entre les mains de l'inspecteur d'académie.

ARTICLE 3

Lorsque les travaux seront terminés, et lorsqu'il y aura lieu de payer soit la totalité, soit une partie des secours promis, le préfet en préviendra l'inspecteur d'académie, lequel remettra à l'inspecteur primaire de l'arrondissement le plan déposé entre ses mains, et lui donnera ordre de se transporter dans la commune pour y vérifier si les dispositions approuvées par le ministre, tant pour la dimension que pour la disposition des locaux, ont été exactement observées. L'inspecteur primaire fera son rapport à l'inspecteur d'académie et lui remettra le plan du local, qui demeurera déposé aux archives de l'inspection académique. L'inspecteur d'académie délivrera, sur le vu de ce rapport, un certificat constatant, s'il y a lieu, que les plans approuvés ont été scrupuleusement exécutés, et le préfet joindra ce certificat à l'appui de sa proposition d'ordonnancement.

Article 4

Dans le cas où les plans approuvés par le ministre n'auraient pas été scrupuleusement suivis dans l'exécution des travaux, le concours de l'État ne pourra être requis, et la promesse de secours faite sera considérée comme nulle et non avenue.

Nous terminerons cette série de documents par le résumé des principales dispositions adoptées pour la rédaction du programme arrêté par la Préfecture de la Seine au sujet des nombreuses écoles communales récemment installées à Paris.

PROGRAMME POUR LA CONSTRUCTION D'UNE ÉCOLE COMMUNALE

DANS LE DÉPARTEMENT DE LA SEINE

L'école sera établie pour un nombre suffisant de classes contenant chacune le nombre de places nécessaires.

Il importe de s'assurer qu'il n'existe dans le voisinage aucun atelier de métiers bruyants, incommodes ou insalubres.

Classes. — Les classes occuperont un rez-de-chaussée un peu élevé, ou un premier, ou un second étage.

Elles auront 3 mètres 60 centimètres à 4 mètres de hauteur, et la forme d'un carré long (longueur double de la largeur au plus).

Elles seront planchéiées et éclairées, autant que possible, sur deux faces (les deux faces les plus longues), à droite et à gauche des élèves.

Les meilleures expositions sont l'est et l'ouest, et ensuite le nord.

Les baies des croisées monteront aussi haut et seront aussi nombreuses que possible, tout en laissant au bâtiment la solidité désirable.

Les croisées s'ouvriront en quatre parties, sur montant fixe au milieu. La partie supérieure, imposte ouvrante ne renfermera pas plus de quatre carreaux dans chaque vantail, deux de hauteur. Elles se refermeront au moyen de loqueteaux à ressort, et seront garnies de barreaux et grillages devant les vitres au rez-de-chaussée, à l'extérieur, et de persiennes au rez-de-chaussée, à l'intérieur. Des jalousies seront placées devant les autres croisées exposées au soleil.

Les croisées prendront jour à 1 mètre 50 centimètres du parquet.

Une cloison, pleine depuis le parquet jusqu'à 1 mètre 50 centimètres de hauteur, et vitrée dans la partie supérieure, avec de solides montants, devra exister entre les classes, si elles sont contiguës, ce qui est désirable. Il y aura une porte de communication pleine aussi jusqu'à 1 mètre 50 centimètres, entre deux classes voisines.

On ne devra pas avoir à traverser une classe pour arriver dans une autre.

Les colonnes de fonte qui soutiennent les plafonds pourront, sans inconvénient, être placées en dehors des cloisons légères qui sépareront les classes.

Chaque élève occupera sur le sol, dans l'intérieur des classes, en moyenne, 9 dixièmes de mètre carré (90 décimètres carrés) tout compris, tables et bancs, passages entre les tables, passage au pourtour et bureau du maître. Il y aura ainsi, dans les salles, au moins 3 mètres cubes d'air par élève.

Préau couvert. — Le préau couvert se trouvera au rez-de-chaussée, s'il est possible ; il précédera les classes et aura même hauteur ; il sera, s'il est possible, égal en surface aux classes réunies, et planchéié, ou au moins bitumé, s'il est au rez-de-chaussée.

Même système que dans les classes pour la forme des croisées, leur nombre et leur distance du sol.

Préau découvert. — Ce second préau sera double du premier, en surface, s'il est possible.

La terre en sera piquée, battue et sablée (sable de rivière) ; il sera planté d'arbres. On devra pouvoir se rendre du préau couvert dans le préau découvert sans passer par les classes.

Cabinets d'aisances. — Les cabinets d'aisances seront établis dans le préau découvert. Il y en aura deux pour cent élèves. Il y aura, en outre un cabinet séparé pour le maître, avec siége ordinaire en bois et abattant. Ces cabinets seront isolés et regarderont le nord.

Les portes (excepté au cabinet du maître) fermeront par un loquet et seront pleines jusqu'à 1 mètre 60 centimètres ; le reste de la porte, 30 centimètres, sera à claire-voie ; le bas à 10 centimètres du sol.

Les impostes au-dessus de ces portes seront garnies de lames de persienne, ainsi que les deux cloisons extrêmes des cabinets à la même hauteur.

La largeur des cabinets, à l'intérieur, sera de 70 centimètres et la profondeur de 1 mètre.

Les siéges seront revêtus de bois, hauteur 30 centimètres, profondeur 45. L'ouverture sera ovale, de 25 centimètres sur 20 (12 au fond), et à 14 centimètres du bord antérieur.

La dalle du sol sera inclinée vers le siége.

La cloison entre deux cabinets voisins aura 1 mètre 70 centimètres de hauteur au-dessus du siége ; le reste de la cloison à claire-voie (le cabinet du maître entre deux cloisons de 20 centimètres plus élevées que les autres).

Les cabinets seront ventilés par derrière, sous les siéges, au moyen d'une petite ouverture communiquant avec une cheminée.

Le maître devra pouvoir, de sa place, surveiller les cabinets.

Appareils de chauffage. — Pour assurer la pose des appareils de chauffage et d'aération dans de bonnes conditions, une prise d'air extérieur sera ménagée dans chaque salle, et une cheminée d'appel y sera établie.

Eaux de la ville et gouttières. — Des tuyaux seront posés pour amener les eaux de la ville, de l'entrée de la maison, jusqu'à une vasque en pierre, placée pour les recevoir dans le préau couvert. — Dimensions de la vasque : longueur totale 1 mètre 50 centimètres ; à l'intérieur 1 mètre 20 centimètres ; largeur totale 60 centimètres ; à l'intérieur 35 centimètres ; profondeur 30 centimètres ; hauteur totale 60 centimètres.

L'eau s'écoulera de cette vasque par une gargouille couverte.

Si l'eau vient de la Seine, elle devra, avant d'être conduite dans la vasque, être reçue dans un réservoir placé au rez-de-chaussée, à l'endroit indiqué par l'architecte de l'administration.

Et si le préau couvert est au premier étage, l'eau du réservoir y sera conduite jusqu'à une cuvette qu'on y établira.

Le tout conformément au réglement sur les abonnements aux eaux de la ville.

Les toits seront pourvus de gouttières et de tuyaux de descente.

Parloir. — Un parloir de 12 à 16 mètres carrés devra être ménagé dans le préau couvert ; il servira aussi de petit réfectoire pour les maîtres surveillants, à midi.

Bûcher. — On établira dans la cour ou sous un escalier un bûcher qui puisse contenir environ 8 ou 10 stères de bois et des copeaux. Ce bûcher pourra être remplacé par une cave.

Escaliers des classes. — Les marches devront avoir 1 mètre 50 centimètres de longueur.

Les rampes 1 mètre 10 centimètres de hauteur au-dessus du milieu des marches; il y aura 15 centimètres entre les axes de deux barreaux voisins.

Une main courante sera placée à 80 centimètres de hauteur seulement, le long des murs de l'escalier.

Logement du concierge. — Il sera situé au rez-de-chaussée et aura 50 mètres environ de surface; il comprendra une loge, deux chambres, une petite cuisine, une cave ou un bûcher et un cabinet d'aisances séparé de ceux des élèves.

Le logement du concierge sera placé de manière à en rendre le voisinage utile, mais non gênant pour les maîtres.

Inscription ou enseigne. — Un panneau rentrant (superficie de 2 à 3 mètres) sera préparé au-dessus de l'entrée principale, sur la voie publique, pour recevoir une inscription ou enseigne annonçant l'existence de l'école.

Peintures des localités. — Une frise de 1 mètre 50 centimètres de hauteur dans les classes, préau couvert, escaliers, vestibules, parloir, sera peinte à l'huile, couleur claire (trois couches); le reste à la colle. Les plafonds seront blanchis; les cabinets d'aisances seront entièrement peints à l'huile, ainsi que le logement du concierge.

Tous ces règlements déterminent la législation qui régit les questions relatives aux constructions de maisons d'école; mais suivant les contrées où s'exécutent les travaux, suivant les conditions particulières qui peuvent se présenter, ils peuvent, non pas être modifiés, mais interprétés en s'inspirant de l'esprit qui en a guidé la rédaction et non pas en en suivant servilement la lettre.

Nous ajouterons, en terminant cet article, que les spécimens de maisons d'école réunis à l'Exposition universelle ne nous ont présenté, chez les nations étrangères, rien d'assez nouveau ni d'assez intéressant pour mériter d'être publié; nous signalerons toutefois, en ce qui concerne la question du mobilier, une ingénieuse mais un peu coûteuse disposition adoptée dans les écoles de Suède : chaque élève a son installation personnelle, un pupitre et un banc séparés, distincts, mobiles, en sorte que, suivant le nombre des élèves, on éloigne ou rapproche les bancs les uns des autres, afin d'éviter un vide ou une lacune.

En Angleterre, le dessus des pupitres se rabat extérieurement et forme ainsi des bancs, qui permettent de convertir la classe en une salle de réunion quelconque; mais cette combinaison serait peu applicable en France, où la salle de classe ne doit pas changer de destination.

En Amérique les points d'appui sont en fonte, disposition qui rendrait dans nos villages les réparations bien difficiles et bien coûteuses.

Le dernier document émanant de l'administration centrale est le rapport publié par le Ministre de l'instruction publique, à la suite de l'Exposition universelle; nous n'avons pas cru devoir entrer ici dans la discussion de ce rapport, qui contient peut-être des idées discutables au point de vue de l'architecture des écoles communales, mais nous en extrayons un passage relatif aux conditions à remplir pour la rédaction des projets de maisons d'école:

CONSTRUCTION DES ÉCOLES

Les fondations seront en moellons, hourdées en mortier de chaux hydraulique et sable. Les murs en élévation seront construits de la même manière jusqu'à 1 mètre 50 centimètres du sol, le reste de la construction des murs sera soit en briques, moellons, pierres, cailloux, tuf et pans de bois, suivant l'usage du pays. Les parquets du rez-de-chaussée seront en chêne, sapin, carrelage, bitume ou en dalles.

Pour l'étage supérieur, ils seront en chêne, sapin ou terre cuite; il est expressément défendu de salpêtrer les salles.

Les cloisons légères seront, suivant l'usage du pays.

La charpente pour combles et planchers sera en chêne ou sapin, toutefois les poutres portant cloisons seront en chêne.

La menuiserie des portes et des croisées sera en chêne ou sapin ou chêne et sapin.

Les devis devront être divisés en trois parties comprenant :

1° Les écoles et les logements des instituteurs;

2° Les dépendances;

3° La décoration artistique que les communes jugeront convenable d'apporter dans la construction de leurs écoles.

---

§ 2. NOTICES DESCRIPTIVES

HOTEL DE VILLE A LUXEUIL (HAUTE-SAONE)

(PLANCHES I, II ET III)

L'hôtel de ville de Luxeuil est un des rares édifices civils du moyen âge qui nous soient parvenus à peu près intacts; il se compose au rez-de-chaussée et à chaque étage d'une cage d'escalier et d'une grande salle; la tourelle contenant l'escalier monte au-dessus des combles, elle est terminée par une plate-forme servant de guette; en retour d'équerre se trouve un bâtiment, aujourd'hui dénaturé, qui renfermait une petite pièce avec des privés installés à chaque étage.

Ces dispositions si simples suffisaient à la satisfaction du programme qu'exigeait alors un hôtel de ville; les services étaient moins nombreux et moins compliqués qu'ils ne le sont aujourd'hui: la salle de réunion des citoyens, le beffroi pour les appeler et les réunir, la tribune pour leur parler, en composaient les éléments principaux. Il en est ainsi de l'hôtel de ville de Luxeuil.

Dans l'examen des détails de la façade, l'attention se trouve appelée sur une grande bretèche à deux étages, faisant partie du bâtiment principal auquel elle est liée par sa construction. Cette bretèche servait de tribune et permettait aux chefs de la cité de parler au peuple assemblé sur la place. Le premier étage communiquait avec une des grandes salles : il comprenait une petite loge éclairée sur toutes ses faces, place d'honneur, lors de fêtes et réjouissances publiques; au-dessus se trouvait la plate-forme dépendant de la salle supérieure; c'était de là que les proclamations et communications étaient adressées au peuple.

L'hôtel de ville de Luxeuil était, en outre, comme presque tous les édifices civils de cette époque, construit en vue de servir à la défense de la cité; en haut de la tour, à l'endroit où le grand escalier est remplacé par un autre moins important, on voit une salle qui servait soit de corps de garde, soit de logis au veilleur ; des mâchicoulis, couronnant cette tour, défendaient l'entrée basse et étroite, et les guettes placées à la naissance des combles facilitaient la surveillance des abords.

A l'intérieur les dispositions primitives ont été sensiblement modifiées ; on retrouve cependant encore les cheminées à l'emplacement qu'elles occupaient ; les planchers à poutrelle, autrefois apparents, sont aujourd'hui recouverts d'enduits en plâtre.

HOTEL DE VILLE A MANTZEIM (ALLEMAGNE)

(PLANCHES IV, V, VI ET VII)

L'hôtel de ville de Mantzeim est élevé dans le Nord, où, bien plus que chez nous, se sont conservées les traditions des libertés communales et des édifices qui en étaient l'expression. Aussi, ce petit monument rappelle-t-il d'une façon remarquable, dans son ensemble, les dispositions principales adoptées au moyen âge pour la construction d'un hôtel de ville. Les conditions actuelles diffèrent de celles d'autrefois, mais les exigences générales, les points importants sont les mêmes, et la comparaison entre l'hôtel de ville de Luxeuil et celui de Mantzeim est à ce point de vue très-intéressante. Nous trouvons dans les deux édifices la grande salle du conseil parfaitement accusée, accompagnée du beffroi dont la cloche retentit non plus pour appeler les citoyens à quelque combat, mais au contraire pour qu'ils s'entr'aident en cas de malheur ou de danger public, pour qu'ils se réjouissent à l'occasion de quelque fête nationale ; puis la bretèche ancienne, remplacée par le perron, sorte de tribune que protège l'encorbellement de la tour ; voilà les points communs aux deux édifices construits à cinq siècles de distance ; quant à l'édifice moderne, il a fallu lui ajouter les services administratifs qui se sont groupés suivant leur nature et leur importance.

On voit, par ce rapprochement, comment sur les souvenirs anciens est venue se greffer la satisfaction des exigences actuelles : la tradition s'est non pas modifiée, mais augmentée et compliquée.

La forme donnée à l'édifice qui nous occupe n'a pu être obtenue que par l'emploi raisonné des matériaux mis en œuvre ; ainsi, la tour centrale, montée en encorbellement, donne à la façade un puissant caractère d'originalité ; mais cette combinaison n'est possible que dans une contrée où abondent les matériaux parfaitement résistants, permettant d'asseoir une lourde charge sur des points d'appui relativement faibles. Certaines précautions prises par le constructeur indiquent une étude et un soin particuliers : ainsi la naissance des arcs est remontée assez haut pour éviter la poussée qu'ils pouvaient exercer, les fas de charge et les sommiers sont importants, le dernier étage de la tour est élevé en pans de bois, afin d'éviter un poids inutile sur des points d'appui qu'il était avantageux de ne pas avoir trop robustes, etc., etc.

L'hôtel de ville de Mantzeim n'a pas été élevé en France, les services n'y sont donc pas identiques à ceux de notre pays, bien que s'en rapprochant d'une façon notable ; par exemple, contrairement à ce qui se voit chez nous, nous trouvons presque toujours en Allemagne, en Suisse, dans les provinces rhénanes, la poste et le télégraphe réunis à l'hôtel de ville, les séances du conseil communal rendues publiques, etc., etc. ; mais ces différences sont en somme peu importantes et un programme est après tout susceptible de modifications sans nombre.

3

MAIRIE, ÉCOLE ET JUSTICE DE PAIX A BAIN (ILLE-ET-VILAINE)

(PLANCHES VIII, IX, X ET XI)

Les chefs-lieux de canton tiennent la première place dans la hiérarchie communale qui nous occupe : ce n'est plus, par suite, une unique salle de conseil municipal, accompagnée d'une école, qui peut suffire aux besoins des services communaux; un monument plus vaste. plus complet, devient nécessaire aux exigences administratives.

Le plan de la mairie de Bain se trouve ainsi justifié et expliqué. A l'entrée un vestibule, qui sert au public de lieu de stationnement et de réunion, avant de pénétrer soit dans la salle de la justice de paix, soit dans celle des adjudications. Ce vestibule est vaste et largement ouvert, à certains jours le public, appelé à la justice de paix ou aux adjudications, étant assez considérable pour rendre nécessaires des dégagements importants. La salle de la justice de paix est accompagnée de trois petites pièces en face desquelles se trouve le service télégraphique; un escalier de service, placé au fond avec une entrée spéciale, sert à l'usage exclusif du secrétaire logé au premier étage et supprime ainsi l'inconvénient, trop souvent reconnu dans les édifices publics, de voir les mêmes passages, les mêmes escaliers consacrés à la fois aux services administratifs et aux usages domestiques; dans l'axe du vestibule, dans une position importante et en vue, se trouve le grand escalier qui conduit à la salle du conseil municipal au premier étage; cette salle, exprimée sur la façade dont elle occupe le centre, fait regretter de ne pas voir le prétoire de la justice de paix accusé d'une façon plus précise et plus franche.

Le bâtiment, consacré aux écoles, est en arrière du bâtiment principal et placé dans une vaste cour; il offre une disposition spéciale et d'une application facile et heureuse, dans le cas particulier d'une salle au-dessus de laquelle ne s'élève aucun étage : cette disposition consiste à couvrir ces salles par une charpente apparente, faisant ainsi profiter l'intérieur de toute la hauteur des combles et donnant à la classe un aspect moins monotone et moins triste que celui d'un plafond blanc et uni.

Le mètre carré de surface couverte a coûté 75 francs environ, prix assez peu élevé et qu'explique le bon marché de la main-d'œuvre en Bretagne.

ÉVALUATION DES TRAVAUX

Terrasse et maçonnerie	18769,77
Charpente	6596,96
Couverture en ardoises	1555,45
Plomberie et zinc	1280,63
Plâtrerie	1693,81
Sculpture	595,00
Marbrerie	565,00
Menuiserie	3678,61
Serrurerie	2042,15
Peinture	941,20
	37715,58
Honoraires de l'architecte, 5 p. 100	1885,42
Total général	39601,00

MAIRIE ET JUSTICE DE PAIX A COURTOMER (ORNE)

(PLANCHES XII ET XIII)

L'aspect du plan général des abords de la mairie et justice de paix de Courtomer fait voir quelles difficultés particulières avait à résoudre l'architecte. L'emplacement assigné se trouvait d'un côté limité par des constructions, d'un autre par la route impériale qui longe l'extrémité du bourg, tandis que les deux voies principales viennent aboutir au milieu du terrain. La régularité du plan devenait alors impossible, et, préoccupé avant tout de la satisfaction de son programme, l'architecte lui a sans regret sacrifié une vaine symétrie.

L'entrée principale de l'édifice se trouve donc reportée en face des voies d'accès, et dans l'axe de chacune d'elles s'ouvre une large baie. La porte, percée dans la façade de la route, ne doit être utilisée qu'en certaines circonstances, et une clôture isole complétement la justice de paix du bruit et du mouvement de la grande route.

Cette question si importante de la facilité des accès une fois résolue, les autres exigences du programme ont été sans peine satisfaites. Un grand vestibule précède le prétoire qu'accompagnent le cabinet du juge, le greffe et les salles des témoins. Au premier étage la salle du conseil, le cabinet du maire, celui du secrétaire, celui d'un employé et le bureau du télégraphe sont groupés ensemble. Dans les combles se trouve le logement d'un employé.

Les murs sont construits en maçonnerie enduite; seuls les pilastres, corniches, bandeaux, pieds-droits et voussoirs sont élevés avec de la brique apparente et de la pierre de taille.

Le mètre carré de surface de construction couverte a coûté 100 francs environ.

ÉVALUATION DES DÉPENSES

Terrasse et maçonnerie	6423,44
Charpente	2024,78
Couverture et plomberie	1600,00
Plâtrerie	1894,47
Menuiserie	2600,00
Travaux divers	860,81
Total	15400,00
Honoraires de l'architecte, 5 p. 100	770,00
Total général	16170,00

MAIRIE ET ÉCOLE A ÉTRIGNY (SAONE-ET-LOIRE)

(PLANCHES XIV, XV, XVI ET XVII)

La condition essentielle de toute œuvre architecturale est la durée; l'importance de l'édifice n'est qu'une préoccupation bien secondaire pour l'artiste désireux avant tout de réussir l'œuvre qui lui est confiée. Qu'il s'agisse d'un somptueux hôtel de ville ou d'une simple mairie de village, rien dans ces deux cas ne doit être négligé par l'architecte pour rendre durable le monument qu'il élève ; et même, plus un monument est modeste, plus les précautions possibles doivent être prises, afin d'éviter toute cause de ruine et de destruction. Or le seul moyen de satisfaire aux conditions de solidité, d'économie et de forme extérieure, c'est, nous le savons, l'emploi judicieux et raisonné des matériaux : c'est vers ce but que se dirigent les efforts de tout artiste consciencieux, aimant et connaissant son art.

Une erreur profondément enracinée, contre laquelle il faut protester toutes les fois que l'occasion se présente, est d'attribuer l'aspect monumental d'un édifice à l'emploi de certaines formes de convention, quand au contraire une construction bien raisonnée, franchement accusée, un appareil étudié et logique, une conception sage et d'heureuses proportions, donnent, sans contredit, un résultat bien préférable à celui qu'on obtient en respectant des souvenirs qui ne reposent sur aucune base plus sérieuse qu'une vaine tradition. Le bon sens et la raison l'indiquent, et ce sont des guides sûrs auxquels on peut toujours se fier.

L'aspect monumental d'un édifice est donc indépendant de certaines conventions, de certaines formes adoptées ; il résulte du monument lui-même, des dispositions prises, de la construction plus ou moins raisonnée, de la conception réussie avec plus ou moins de bonheur.

Quand un édifice répond à ces conditions, remplit ces exigences, la chose est facile à reconnaître et à constater ; elle est rendue sensible, elle s'explique et se justifie d'elle-même.

Ainsi, l'aspect des façades de la mairie d'Étrigny permet de comprendre immédiatement tout le système de la construction, l'excessive simplicité des moyens employés et le parti que l'architecte a tiré des ressources dont il pouvait disposer. Quant au résultat et à l'effet produit, c'est là une question laissée à l'appréciation des esprits indépendants, libres de toute coterie, et n'acceptant pas sans les discuter les opinions toutes faites.

Élevée dans une importante commune de Bourgogne, — cette province qui, au moyen âge déjà populeuse et puissante, abondante en matériaux excellents, éleva sur notre sol tant d'édifices dont nous sommes heureux de faire aujourd'hui l'objet de nos constantes études, — la mairie d'Étrigny rappelle les monuments qui l'entourent, non par l'emploi de vaines formes et d'une apparence extérieure, mais par les principes qui ont présidé à leur conception.

Le bâtiment communal renferme des services variés qu'il était utile de réunir ; le vestibule du rez-de-chaussée sert de salle pour la société de secours mutuels, pour les élections, pour les réunions d'une assemblée locale ; le public y pénètre pour arriver au télégraphe et monter à la mairie, placée au premier étage. Cette mairie se compose de la salle du conseil municipal, du cabinet du maire, du secrétariat et des archives avec la bibliothèque communale. Au-dessus de la classe se trouve le logement de l'instituteur. Une disposition particulière de l'emplacement a permis de donner à l'école proprement dite une entrée séparée, distincte, isolant l'école de la mairie et les laissant toutes deux libres, indépendantes, bien que réunies. La mairie, formant le bâtiment principal, est sur la place, tandis que l'école, au contraire, a son entrée sur une voie secondaire placée en arrière.

La construction est très-soignée ; on peut suivre l'appareil dans toutes les parties de l'édifice et toujours on retrouve le même parti, franc, bien accusé et partout soigneusement suivi. Les proportions sont heureuses, le plan bien conçu ; et n'est-il pas permis alors de se demander si une décoration de faux goût en plâtre ou en stuc si des colonnes et des pilastres simulés eussent donné à l'édifice un aspect plus monumental et permis à l'architecte de rester dans les limites d'une sage et prudente économie ?

Les matériaux employés sont, pour les remplissages des murs, du moellon hourdé et enduit en mortier, de la pierre de taille dure pour toutes les parties accusées de la construction. Ces matériaux sont ceux du pays, l'architecte les a exclusivement employés; aussi les profils des détails sont-ils très-simples, mais très-fermes et très-nets. On reconnaît le soin et l'étude apportés à la construction en remarquant les arcs de décharge, établis au-dessus des linteaux pour reporter sur les pieds-droits le poids des murs supérieurs, les chéneaux placés sur une petite corniche en encorbellement qui les éloigne des murs et s'oppose aux infiltrations intérieures, et enfin l'appareil logique et économique, sans les évidements dont l'emploi est si coûteux et si peu rationnel.

ÉVALUATION DES TRAVAUX

Déblais.	150,00
Maçonnerie de moellons.	5700,00
Maçonnerie de pierre de taille.	4560,00
Plâtrerie, plafonds, cloisons, carrelage, enduits.	3722,00
Charpente.	2200,00
Couverture.	1800,00
Menuiserie.	2200,00
Serrurerie.	1800,00
Peinture, vitrerie.	1000,00
Mobilier divers.	868,00
Total.	24000,00
Honoraires de l'architecte à 5 p. 100.	1200,00
Total général.	25200,00

L'unité carrée de surface couverte revient donc à environ 120 francs; mais les travaux exécutés il y a déjà plusieurs années s'élèveraient peut-être aujourd'hui à un chiffre plus élevé que celui déjà indiqué.

MAIRIE ET ÉCOLE A SAINT JEAN-D'ARVEY (SAVOIE)

(PLANCHES XVIII, XIX, XX ET XXI)

Une maison d'école, élevée dans une contrée pittoresque, au milieu de montagnes à l'aspect rude et sauvage, ne peut évidemment pas présenter la même apparence ni les mêmes dispositions que celle élevée dans une plaine riche et fertile. Les conditions de terrain, d'orientation, influent sur la forme extérieure et rendent indispensable une distribution spéciale nécessaire pour défendre efficacement les habitants contre les intempéries des saisons. Ainsi un bâtiment étroit, de peu d'épaisseur, avec une classe ouverte sur chaque face, comme l'exigent certaines instructions administratives, serait au sommet des Alpes une construction parfaitement inhabitable.

Chaque pays, chaque climat a ses besoins, ses exigences; le Midi songe surtout à se préserver des ardeurs du soleil, le Nord des rigueurs de l'hiver; aussi vouloir, comme vient de l'essayer l'administration de l'instruction publique, imposer à toute la France un certain nombre de types de mairies et écoles qui serviraient de poncifs éternellement reproduits dans chaque département, c'est tenter une entreprise regrettable en principe, inacceptable en pratique, et à laquelle ne peut s'arrêter un esprit au courant des questions de construction. Nous laissons de côté les formes adoptées par les projets dont nous parlons, formes qui devraient être discutées; nous demandons seulement à l'administration comment elle s'y prendra pour faire exécuter des murs en plâtras dans les Alpes, des charpentes en sapin dans le centre, des ravalements extérieurs en plâtre en Provence, et ainsi de suite.

Il est au contraire fort intéressant d'étudier, et c'est là notre but, par quels moyens et par quel travail les architectes, placés dans des milieux si opposés, arrivent à remplir, avec les moyens dont ils disposent, les programmes si variés, si différents entre eux suivant le pays, le climat et les conditions spéciales qu'ils rencontrent.

Revenons à la mairie de Saint-Jean d'Arvey. Elle s'élève au milieu d'une commune accrochée aux flancs des Alpes; l'hiver y règne presque neuf mois de l'année, c'est donc contre lui qu'il fallait se défendre. L'architecte a réuni les deux écoles, garçons et filles; les logements des instituteurs sont tournés vers le midi, les deux classes sont adossées, le bâtiment qui les renferme a 15m,50 de largeur; il est couvert par un seul comble et présente ainsi une énorme masse, laissant peu de prise aux vents froids. Chaque classe a deux issues opposées; si la neige obstrue l'une, l'autre reste libre.

Voilà l'ensemble des dispositions générales, les principes qui ont servi à l'architecte de point départ et de base pour son travail : la forme extérieure est venue ensuite. Les toits débordent les murs pour mieux les protéger; les ouvertures sont réduites au nombre strictement nécessaire; le socle est robuste à cause des infiltrations du dégel; la pierre de taille, difficile à tailler, est peu commune, d'un emploi très-restreint; les voussoirs des ouvertures et les bandeaux en briques interrompent la monotonie d'une grande surface enduite.

Nous donnons à propos de l'école du Lautaret (Basses-Alpes) des détails sur la nature des matériaux qui, en partie au moins, s'appliquent au département de la Savoie et nous dispensent de revenir sur ce sujet.

Les matériaux employés sont la pierre calcaire pour le moellon et la pierre de taille, la brique pour les arcs, bandeaux, cloisons, l'ardoise de Maurienne pour la couverture. La charpente est en bois de mélèze des forêts voisines, la menuiserie extérieure en noyer, la menuiserie intérieure en sapin.

La population de la commune est de 1,075 habitants; le nombre d'élèves des écoles est de 160 environ. La dépense des constructions s'est élevée à 28,876 francs, ce qui fait revenir à 80 francs le prix du mètre carré de surface couverte.

ÉVALUATION DES TRAVAUX

Déblais pour fondations.	
Maçonnerie de moellons en fondations.	
— pour caves.	8409,79
— pour élévation.	
Pierres de taille.	2741,12
Plâtrerie pour plafonds, cloisons, maçonnerie de briques, cheminées et enduits.	2940,91
Charpente et couverture.	8050,50
Menuiserie.	2678,78
Serrurerie.	1969,00
Vitrerie, ferblanterie, peinture et divers.	741,79
Total des travaux	27501,89
Honoraires de l'architecte, 5 p. 100.	1375,09
Dépense totale.	28876,98

MAIRIE ET ÉCOLE À GABRIAC (AVEYRON)

(PLANCHES XXII ET XXIII)

Dans les constructions communales, la solution la plus difficile à réaliser pour l'architecte, celle qui presque toujours lui donne le plus de travail et d'étude, c'est d'arriver, tout en satisfaisant à son programme, à rester dans les limites de l'économie qui lui est imposée et du chiffre de la dépense qu'il ne doit pas dépasser. Il est obligé, dans la plupart des cas, avec une somme relativement restreinte, de couvrir une surface de terrain qu'il ne peut diminuer à son gré; et comme son goût naturel, son désir de bien faire le portent à donner à son œuvre une forme agréable, une disposition heureuse, il se trouve forcément en butte aux embarras et aux tracasseries qui se rencontrent toujours quand avec peu on doit faire beaucoup.

Il est pénible, sans contredit, de voir un artiste intelligent aux prises avec de telles nécessités, mais c'est un des nombreux revers de notre profession; et, comme de cette lutte, il résulte une œuvre souvent méritante et des plus utiles, on ne peut qu'applaudir à ce travail dont l'enfantement, s'il est laborieux à la vérité, n'en constitue pas moins un progrès et un profit au point de vue général.

D'un autre côté, la raison de l'économie sert bien souvent de prétexte pour excuser une œuvre manquée ou mal réussie; on serait, par suite de ce raisonnement, porté à croire que tout architecte, abandonné à lui-même, resté libre et n'étant lié par aucune considération de style ni d'argent, devrait infailliblement produire une conception aussi heureuse qu'originale. Malheureusement il n'en est pas toujours ainsi; nous avons eu fréquemment la preuve du contraire dans les projets présentés à divers concours, et aux salons annuels. La pénurie d'argent ne crée pas une impossibilité mais une difficulté de plus; seulement, pour la vaincre, l'architecte doit dépenser une plus grande somme de travail et de science.

Dans une notice précédente, restant dans le même ordre d'idées, nous avons voulu expliquer que l'importance du monument n'est que la préoccupation secondaire du véritable architecte, qui, avant tout et par-dessus tout, veut réussir dans la mission qui lui est confiée. Quand cette mission consiste à élever une modeste école de village avec les ressources les plus limitées, il doit donc y appliquer son intelligence avec autant de bon vouloir que s'il s'agissait d'un monument plus saillant et plus en vue; il doit savoir sacrifier ce qu'on appelle une façade et se contenter de la satisfaction plus sérieuse de remplir les exigences de son programme, combiner adroitement son plan, de chercher d'heureuses proportions et de rester dans les limites de son crédit.

En publiant, à la suite de ces observations, la mairie de Gabriac, nous n'entendons pas dire qu'elle réponde strictement aux conditions que nous venons d'énoncer, mais dans la situation faite à l'architecte par son programme, peut-être n'était-il pas possible de mieux faire. La salle de classe est grande, spacieuse, bien aérée; les différents services nécessaires sont bien agencés, facilement combinés, et enfin, dernier mérite qui n'est pas le moindre, la dépense, y compris dépendances et murs de clôture, qui s'élevait au devis à 8,572 francs, ne s'est élevée au décompte qu'à 7,884 fr. 90 c., ce qui ne fait revenir le mètre carré de surface couverte qu'à 60 francs environ.

ÉVALUATION DES TRAVAUX

NATURE DES OUVRAGES.	QUANTITÉ.	PRIX DE L'UNITÉ.	TOTAL.
Fouilles..........	21,70	0,50	10,87
Maçonnerie ordinaire.........	193,63	6,00	1161,77
Maçonnerie de pierres de taille (mètre courant)......	230,41	4,00	921,64
Pavés dalles......	13,12	2,00	26,24
Charpente.........	15,97	60,00	957,90
Planchéiage et escaliers.......	»	»	834,73
Couverture et voligeage....	157,20	4,75	747,70
Plâtrerie, enduit......	327,00	0,50	163,30
Cloisons légères......	77,53	3,00	232,00
Plafonds......	82,50	2,00	165,00
Menuiserie........	»	»	532,81
Serrurerie........	»	»	234,85
Peinture et vitrerie......	»	»	122,00
Zinguerie........	»	»	105,00
Travaux divers, marbrerie, tapisserie, fumisterie, etc.......	»	»	366,00
Lieux d'aisances, clôtures, etc.......	»	»	928,82

Total.......... 7509,43

Honoraires de l'architecte, 5 p. 100..... 375,47

Total général..... 7884,90

MAIRIE ET ÉCOLE MIXTE A SAINT-PARDOUX-LES-CARDS (CREUSE)

(PLANCHES XXIV ET XXV)

Il y a quelques années, l'administration de l'instruction publique fit rédiger un certain nombre de projets de maisons d'école, qui par leur réunion devaient offrir tous les types de construction à élever dans les communes de France. Cette tentative n'eut pas le succès qu'on en attendait; les projets restèrent à Paris et chaque commune demeura libre d'élever son école suivant son goût, ses besoins et les exigences de sa population. A l'époque de l'Exposition universelle, une commission, nommée par M. le ministre de l'instruction publique, fut chargée d'étudier l'Exposition au point de vue de l'instruction publique; elle dut à ce titre s'occuper de la construction des écoles, voir ce que nous présentaient à ce sujet les autres nations, et quel parti il était possible de tirer des exemples mis sous nos yeux.

Cette commission rendit compte de ses travaux dans un rapport très-détaillé et qui contient une foule de documents utiles, le tout forme une étude très-intéressante à consulter, mais dont il nous est impossible d'accepter toutes les conclusions, par exemple, lorsque la commission présente des modèles de maisons d'école ou propose que les habitations économiques ouvrières, construites sans l'intervention d'un architecte et dont un certain nombre de types figuraient à l'Exposition, soient converties en maisons d'école.

En ce qui concerne la transformation des maisons d'ouvriers en maisons d'école, nous ne croyons pas que cette proposition puisse supporter la discussion. Le manque de hauteur des étages, l'insuffisance de l'aération, l'absence d'une grande salle, conditions qui ne pourraient être obtenues qu'en modifiant la construction des planchers, amèneraient de tels changements, que de la maison ouvrière il ne resterait rien qu'une fâcheuse disposition, une regrettable et coûteuse combinaison.

Quant à se priver du concours des hommes de l'art, nous ne voulons pas aborder cette question : nous aimons mieux renvoyer le lecteur à l'excellent rapport présenté en 1864 par M. Charles Robert, conseiller d'État, sur la situation des écoles communales en France. Nous voyons que presque partout les instituteurs se plaignent de la mauvaise construction de leurs écoles, de l'état où elles se trouvent, à peine achevées, et des dépenses auxquelles elles ont donné lieu. Que sera-ce donc quand les travaux seront abandonnés sans contrôle aux mains d'entrepreneurs, parfois incapables et souvent désireux de réaliser le bénéfice le plus élevé possible?

Notre dernière objection porte sur les modèles tout faits proposés par la commission : il faudrait les mettre sous les yeux du lecteur pour les lui faire apprécier. Les modèles ne sont pas accompagnés de devis, parce que, dit la Commission, « il n'en est pas des devis comme des « plans; un plan modèle est exécutable partout, tandis qu'un devis varie suivant le prix de main- « d'œuvre, les usages du pays et les matériaux qu'on a sous la main. » C'est précisément le contraire qui arrive : un devis n'est que le résultat du projet; si le projet ne change pas, le devis change moins encore; mais le projet, lui, doit changer suivant le climat, les matériaux et les habitudes locales. Pour en revenir aux projets mis en avant, nous demanderons de quelle manière les toits en zinc pourraient être employés dans les communes rurales; comment se construiraient des planchers de $0^m,20$ de hauteur (en fer, sans doute) dans les localités qui n'ont pas encore de chemins, quels sont les matériaux économiques qui permettraient de construire un mur pignon en lui donnant $0^m,20$ d'épaisseur; enfin si les ravalements en plâtre, dont sont revêtues les façades, pourraient sagement être employés dans les départements où cette matière est sinon inconnue et de mauvaise qualité, du moins hors de prix? Si on nous objecte que suivant les localités on modifiera les combles, les planchers, les murs et les ravalements, nous chercherons alors ce qui restera des projets présentés.

Ainsi, supposons que le maire de la commune de Saint-Pardoux-les-Cards, voulant faire construire une maison d'école, ait reçu les projets dont il s'agit. Il n'a à sa disposition que du bois et de la terre; le manque de chemins, ou le mauvais état dans lequel ces chemins se trouvent, ne lui permet pas d'aller chercher les matériaux nécessaires à l'érection du modèle prescrit; il en sera donc réduit à se consumer en efforts impuissants, en dépenses stériles, jusqu'à ce que, mettant de côté les exigences officielles, il trouve enfin un architecte capable de tirer parti des ressources dont il peut disposer.

Ayant en abondance des bois à un prix peu élevé, l'architecte en a profité : tout le gros œuvre, toute l'ossature de la construction est en charpente; les intervalles entre les bois sont remplis en torchis, mélange de terre mouillée et de paille coupée, fort en usage dans la Marche et le Limousin; la couverture est en tuiles plates qui se fabriquent dans le pays.

Après avoir ainsi réuni ses matériaux, le goût particulier, les aptitudes spéciales de l'artiste lui viennent en aide et lui font donner à cet assemblage des proportions heureuses, un aspect agréable. A force de soins et de travail il fait une œuvre utile, réussie et autrement plus sérieuse et plus économique que celle qui aurait été obtenue si, après bien des sacrifices de temps et d'argent, la commune avait pu réaliser la construction d'un des modèles préparés par l'administration.

Nous n'avons pu joindre l'évaluation des travaux à cette monographie, parce que la dépense n'a pas été fixée au moyen d'une série de prix ou d'après des bases ordinaires; les bois provenaient des forêts communales, la main-d'œuvre de prestations des habitants; les ouvrages spéciaux n'offraient plus par suite aucune importance.

4

MAIRIE ET ÉCOLE À CASTELGINEST (HAUTE-GARONNE)

(PLANCHES XXVI ET XXVII)

La commune de Castelginest ne possède qu'une population de 378 habitants; par suite, les règlements ministériels l'autorisaient à avoir une école communale mixte, et l'édifice qui renferme la mairie et l'école pouvait, pour répondre aux besoins relativement peu nombreux qu'il est appelé à satisfaire, n'offrir que l'apparence la plus modeste, les dimensions les plus restreintes.

Cependant, sans doute à cause de sa position aux portes de Toulouse, Castelginest, malgré son peu d'importance, a tenu à élever un édifice communal qui, par sa forme extérieure, offrît un caractère spécial, sans toutefois sortir des limites d'une prudente économie.

Ayant à sa disposition des matériaux d'un prix peu élevé, faciles à travailler, l'architecte a su en tirer un heureux parti; la pierre de taille a été employée partout où elle a pu être utile à la construction et, en même temps, servir à la décoration.

Les façades sont en outre ornées d'applications en terre cuite, occupant la frise de l'entablement et le pourtour circulaire de l'avant-corps.

La distribution intérieure est facile, commode; tous les services nécessaires sont prévus et convenablement installés.

Les matériaux employés sont ceux de la localité, et n'offrent à signaler que leur bas prix de revient.

La dépense totale s'est élevée à 9,311 fr. 72, ce qui fait revenir à environ 80 francs le mètre carré de surface couverte. Nous donnons ci-contre le tableau détaillé de l'évaluation des travaux

ÉVALUATION DES TRAVAUX

NATURE DES OUVRAGES.	QUANTITÉS.	PRIX DE L'UNITÉ.	DÉPENSES.
Fondations, fouilles et maçonnerie.	66,00	9,40	620,40
Maçonnerie de pierres de taille.	53,44	20,35	1086,40
Pierres de Carcassonne pour marches.	0,63	120,00	75,60
Maçonnerie de moellons.	133,53	14,65	1956,24
Ornements en terre cuite.	»	»	300,00
Carrelage du rez-de-chaussée.	81,93	2,47	202,37
Plancher du 1er étage.	82,13	5,00	415,05
Plancher du grenier.	82,13	4,50	359,58
Toiture.	117,72	4,95	582,74
Charpente sapin.	6,53	80,00	522,40
chêne.	0,39	120,00	46,80
Plâtrerie.	»	»	750,00
Escalier.	»	»	330,00
Menuiserie et ferrements des portes et fenêtres.	»	»	990,00
Serrurerie.	»	»	248,00
Peinture.	»	»	460,00
Vitrerie.	»	»	85,00
Travaux divers.	»	»	238,78
Total			8868,30
Honoraires de l'architecte, à 5 p. 100.			443,42
Total général			9311,72

MAISON D'ÉCOLE LAÏQUE POUR LES GARÇONS

A BEAUNE-LA-ROLANDE (LOIRET)

(Planches XXVIII et XXIX)

Le bâtiment scolaire de la commune de Beaune-la-Rolande ne contient qu'une seule salle, divisée en deux classes. Le logement de l'instituteur reste provisoirement établi dans une construction voisine; mais, comme il fallait admettre la possibilité du transport de ce logement dans un étage élevé au-dessus du nouveau bâtiment, la construction neuve a dû prévoir la destination future de cet étage supplémentaire, et la disposition particulière à donner au plancher a été étudiée en conséquence.

La difficulté d'établir, au-dessus d'une large salle, un plancher pouvant supporter de lourdes charges et dont les solives ont de longues portées, peut se résoudre de diverses manières; le procédé le plus communément employé consiste à donner aux solives un plus fort équarrissage. Mais ce n'est pas là un résultat, c'est un expédient dont les conséquences sont souvent funestes dans un temps plus ou moins long.

Les dispositions applicables à des constructions de peu d'importance, — car nous ne voulons pas ici parler de poutres en tôle, de fermes en fer, utiles seulement dans des cas spéciaux, — sont variées et d'un emploi facile : d'abord, on peut bander dans le sens de la largeur un arc surbaissé, contre-buté derrière les murs par des contre-forts; ou bien encore, placer une poutre en bois entre deux fers à I, ou un fer à I entre deux poutres en bois, ou enfin une poutre en bois seule ou divisée, d'un équarrissage suffisant.

Dans ces différentes hypothèses, la portée des maîtresses poutres, appuyées sur les murs les moins éloignés, est soulagée au moyen de corbeaux en pierre ou en bois scellés dans la maçonnerie; puis, l'espace à couvrir, ainsi divisé par travées, reçoit des solives de petites dimensions dont l'ensemble constitue une construction solide et parfaitement capable de supporter les cloisons nécessaires à la distribution.

L'architecte de l'école de Beaune a adopté le parti de deux pièces de bois séparées par un fer à I à larges ailes; ce fer a 0m,26 de hauteur; il est relié avec les deux poutres en bois au moyen d'écrous et de colliers placés à 2m,00 de distance; de plus, la portée est soulagée à chaque extrémité par des corbeaux en pierre, augmentant l'assiette de la poutre et placés en encorbellement dans l'axe de chaque trumeau; les travées sont ainsi réduites à une portée de 4m,00 au maximum et sont remplies par de petites solives dont l'équarrissage ne présente que 0m,12 sur 0m,25. Le plancher ainsi établi est économique, il est parfaitement solide et pourra, sans inconvénients, recevoir les cloisons qui seront plus tard établies au-dessus, lors de la distribution de l'étage supérieur.

La pierre de taille du pays est de la même nature que celle des carrières de Château-Landon, assez voisines du reste. C'est une pierre froide, d'une taille coûteuse et difficile : l'architecte en a donc restreint l'emploi aux parties où elle était strictement nécessaire; mais afin de ne pas laisser les parements de ses façades recouverts d'un enduit lisse et monotone, il a placé des rangs de briques suivant les lignes d'assises de même hauteur qu'elles, et alternant avec les bandes d'enduit.

Enfin, comme disposition spéciale, les deux salles dont se compose le bâtiment peuvent se réunir en une seule au moyen d'une cloison en bois à compartiments mobiles. Cette combinaison, facile et peu dispendieuse, peut rendre de grands services dans un village, où les locaux un peu vastes font souvent défaut.

Le prix du mètre carré de surface couverte a atteint 75 francs, chiffre relativement élevé, mais justifié par le voisinage de Paris.

ÉVALUATION DES TRAVAUX

DÉSIGNATION DES TRAVAUX.	QUANTITÉ.	PRIX.	DÉPENSES.
Terrasse.	265,94	0,70	186,16
Maçonnerie de moellons	192,49	8,91	1715,09
Maçonnerie de briques.	1,81	43,84	79,35
Maçonnerie de pierres de taille.	38,62	50,00	1931,00
Taille de la pierre.	274,24	5,08	1393,14
Enduits extérieurs.	285,71	0,80	228,00
Enduits intérieurs.	232,95	1,18	274,88
Nivellement du sol de la classe (drainage, macadam).	157,20	1,00	157,20
Pavage.	159,00	3,90	477,60
Trottoirs au pourtour du bâtiment.	57,40	1,00	57,40
Plafonds en plâtre.	140,00	2,95	415,00
Couverture.	240,00	3,40	816,00
Faîtières, châssis, noues et noquets.	»	»	94,07
Bois de sciage chêne pour le comble.	7,34	120,00	880,80
Bois d'équarrissage chêne pour le comble.	6,18	99,00	611,82
Charpente des planchers et chevrons (sapin).	11,82	60,00	700,00
Menuiserie pour fenêtres et cloisons de la salle.	»	»	646,08
Serrurerie et gros fers.	»	»	269,58
Peinture et vitrerie.	»	»	267,90
Cabinets.	»	»	789,98
Mobilier.	»	»	569,72

Total.	12560,77
Honoraires de l'architecte, 5 p. 100	628,03
Frais de voyage et déboursés.	540,00
	13728,80

ÉCOLE LAÏQUE MIXTE AU LAUTARET (BASSES-ALPES)

(PLANCHES XXX ET XXXI)

Le hameau du Lautaret est une section d'un village plus important, où se trouve placée la mairie; il ne possède qu'une population de 270 habitants; son école communale peut donc être mixte.

La construction est d'un aspect pittoresque et mouvementé, qu'explique sa position au pied des montagnes, sur un emplacement irrégulier et accidenté, dont l'accès n'a pu être obtenu qu'au moyen de degrés qui, du sol du chemin, font parvenir au sol des cours intérieures.

Le bâtiment est fort simple, mais bien disposé; la distribution intérieure, facile et commode, renferme dans un espace restreint tout le local nécessaire aux classes et au logement de l'instituteur, indépendants l'un de l'autre. On voit que l'architecte s'est d'abord préoccupé de satisfaire aux exigences de son plan, et que ce plan lui a ensuite donné ses façades.

Pour bien comprendre dans quelles conditions a été élevé ce modeste édifice, il nous faut entrer dans quelques détails au sujet des matériaux du pays, détails intéressants, du reste, car ils se rattachent à toutes les constructions élevées dans les provinces des Alpes.

La pierre de taille est commune, mais difficile à se procurer; la plus grande partie des montagnes est formée de rochers calcaires ou schisteux en décomposition et peu propres à la construction; on trouve des masses calcaires très-dures, mais d'une exploitation presque impossible à cause du manque de voies de communication et de la hauteur à laquelle elles sont généralement placées. La pierre forme dans les montagnes une masse compacte qui n'a ni bancs ni lits; on l'extrait à la mine; aussi celle le plus souvent employée provient-elle de blocs détachés, roulés dans les vallées. Les angles en sont arrondis, on les ébauche sur place; mais on conçoit combien la taille en est difficile, longue et coûteuse.

Cependant, malgré ces difficultés, la pierre de taille pourrait encore, grâce au bas prix de la main-d'œuvre, être employée sans dépenses excessives, si l'habitude et la routine ne lui faisaient préférer le bois, très-commun dans les forêts des montagnes.

Dans les environs de Digne et de Forcalquier, on rencontre aussi des pierres d'une autre nature; ce sont des grès plus faciles à exploiter. La pierre de Forcalquier se trouve par lits d'épaisseur irrégulière; elle est tendre, d'un grain grossier, friable, mais qui durcit promptement à l'air. On s'en sert pour les parties moulurées ou sculptées. Celle de Digne a un grain plus serré. Les bancs sont de diverses hauteurs, depuis 0m,10. On l'emploie généralement pour dalles, marches, pierres tombales. Certains bancs se délitent à l'air par feuilles parallèles au lit de pose. Ce vice est assez difficile à reconnaître avant la mise en œuvre.

Le moellon est de très-bonne qualité, dur, compacte, mais sans lits; on le pose comme il se trouve et on le cale avec des éclats de pierre.

Les bois sont abondants, la meilleure essence est le mélèze; le bois meilleur marché est le pin blanc des Alpes.

L'architecte de l'école du Lautaret a voulu réagir contre les habitudes locales et a essayé l'emploi des pierres dont nous venons de parler; cet essai a pleinement réussi. D'abord, la dépense n'a pas été plus élevée, puis l'aspect de la construction a gagné et sa durée en sera sensiblement augmentée. Il est à remarquer que la pierre y a bien été employée suivant sa nature : tous les parements en sont unis, le bandeau de la façade n'a même pas de moulures, les murs ont été enduits par économie, et, somme toute, cette simplicité excessive est préférable aux décorations de faux goût en plâtre que nous voyons si fréquemment.

Nous appelons l'attention du lecteur sur les planchers, dont les solives, scellées à leurs extrémités dans les murs pignons, reposent au milieu de leur portée sur une forte poutre en mélèze, soulagée elle-même par deux consoles en même bois; la nature du moellon a exigé, pour obtenir une liaison suffisante dans les maçonneries, que les murs aient 0m,60 jusqu'au premier étage; les bois de charpente sont, sauf les solives des planchers, en mélèze, ainsi que les menuiseries extérieures; les solives des planchers et les menuiseries intérieures sont en bois blanc.

La construction a coûté 7,555 fr. 37; de ce total il faut déduire toutefois le montant du rabais consenti à l'adjudication, soit environ 550 francs, ce qui fait revenir à 85 francs environ le mètre carré de surface couverte, y compris les travaux extérieurs de clôture et d'escaliers.

Nous donnons à la page suivante un tableau détaillé de l'évaluation des travaux.

ÉVALUATION DES TRAVAUX

	QUANTITÉS.	PRIX.	DÉPENSES PAR ARTICLE.	DÉPENSES PAR NATURE D'OUVRAGES.
Fouilles et terrassements.	163,31	0,55	89,82	
Maçonnerie en fondation pour le bâtiment principal.	79,36	5,60	444,30	
— élévation.	182,08	6,80	1238,13	
— fondation pour murs.	38,24	5,60	241,15	
Voûtes surface.	0,38	5,60	46,92	
Pierres de taille.	2,13	48,80	103,94	2686,60
Taille de pierres.	23,92	6,00	143,52	
Surface des plafonds.	134,40	1,80	241,92	
Surface des cloisons de distribution.	44,28	2,60	115,12	
Surface du carrelage sur béton.	8,32	2,60	21,78	
Fumisterie.				48,20
Charpente non assemblée.	13,26	51,70	685,33	
Charpente assemblée.	1,04	61,80	64,51	749,84
Couverture.	118,82	3,24	384,97	
Plus-value des toiles de rives.	36,00	2,25	81,00	465,97
Menuiserie des portes et fenêtres, y compris ferrements.			795,99	
Menuiserie diverse, escaliers intérieurs.			94,20	
Parquets en mélèze.	123,60	3,60	444,96	1445,95
Planchers du grenier.	58,32	1,90	110,80	
Serrurerie et gros fer.				305,66
Murs de clôture et nivellement.				177,10
Clôture en planches.	89,74	2,70	242,29	
Peinture, vitrerie, divers.				866,04

Total.				6987,62
Honoraires à 5 p. 100.			349,38	567,75
Frais de voyage.			218,37	
Total général.				7555,37

MAISON D'ÉCOLE CONGRÉGANISTE POUR LES GARÇONS

A GENISSIEUX (DROME)

(Planches XXXII et XXXIII)

Le programme de toute maison d'école présente une difficulté particulière, celle de combiner heureusement la grande salle de classe avec le logement de l'instituteur; pour que la salle soit facile, commode, elle doit être libre de point d'appui soutenant des murs supérieurs; la distribution des logements placés au-dessus ne peut donc être faite, le plus souvent, qu'au moyen de cloisons légères, les cheminées sont forcément reportées sur les murs d'enceinte et les parties centrales demeurent obscures et sacrifiées. Aussi est-il intéressant de voir comment un architecte placé dans de telles conditions parvient à satisfaire les exigences du programme qui lui est imposé.

C'est à ce point de vue surtout que nous voulons présenter l'école de Genissieux, dans laquelle cette difficulté a été résolue sans grands efforts et avec beaucoup de bonheur. Abandonnant la donnée ordinaire presque constamment employée, qui place la classe au rez-de-chaussée et le logement au premier étage, sacrifiant une symétrie dont, avec raison, il redoutait les résultats, l'architecte a simplement élevé le bâtiment de la classe en lui donnant la forme et les dimensions nécessaires et en l'aérant par de grandes et nombreuses ouvertures, sans autre préoccupation que celle de faire une véritable classe; puis, comme le percement de ces ouvertures destinées à une grande salle ne pouvait convenir à celui d'un logement divisé en petites pièces, il a établi l'habitation destinée aux instituteurs dans une aile adossée en retour au bâtiment de la classe. Le rez-de-chaussée comprend les pièces principales : cuisine, réfectoire, celliers; le premier étage, qui s'élève seulement sur le réfectoire, est divisé en trois cellules accompagnées d'un petit oratoire; un portique abrite au rez-de-chaussée l'entrée des salles et continue le vestibule; entre les deux bâtiments dans le retour d'équerre est la cour de récréation, abritée du soleil et des coups de vent, et en partie couverte par la forte saillie des combles.

Cette disposition simple et facile doit, on le reconnaît bien vite, donner de bons résultats, et l'examen des planches achèvera de faire comprendre l'ensemble de cette disposition sur laquelle nous croyons d'autant plus devoir insister que, malgré l'importance de la surface couverte par les bâtiments, les dépenses, sagement réparties, ne s'élèvent qu'à un chiffre restreint.

Le mode de construction est des plus ordinaires : les murs sont montés en maçonnerie de moellons, ceux des façades seuls ont le parement smillé et sont réglés de hauteur; les angles des bâtiments, les linteaux, piédroits et appuis des ouvertures sont en mollasse, pierre de taille du pays, sorte de sable aggluti né; cette pierre est fort tendre, mais durcit à l'air; néanmoins l'eau la creuse rapidement de profonds sillons : aussi son emploi doit-il être limité seulement aux constructions les plus économiques.

La dépense totale de l'école de Genissieux s'est élevée à 9,413 fr. 25 c. La surface couverte par les bâtiments étant de 127 mètres, le mètre carré a donc coûté 75 francs environ.

ÉVALUATION DES TRAVAUX

Foundations en béton, y compris fouilles et déblais aux abords	748,80
Maçonnerie des murs en moellons, par assises réglées, parements, smilés	1769,76
Maçonnerie de pierres de taille dite mollasse, pour angles et ouvertures	1470,45
Cloisons en briques (galandages), sol du rez-de-chaussée, enduits intérieurs, plâtrerie, plafonds	1129,07
Charpente en sapin pour les planchers et les combles	793,27
Couvertures en tuiles	1080,00
Menuiserie, escaliers, planchers, portes, fenêtres, huisseries, chambranles, plinthes, poteaux de cloison	1118,75
Serrurerie, gros fers pour les charpentes, quincaillerie, ferrements des portes et fenêtres	572,50
Peinture et vitrerie, divers	281,40
Total	8965,00
Honoraires de l'architecte, 5 p. 100	448,25
Dépense totale	9413,25

ÉCOLE CONGRÉGANISTE DE FILLES A VERNONE? (EURE)

(PLANCHES XXXIV ET XXXV)

Nous donnons, dans une monographie suivante, à propos de la gendarmerie de Stauffen, des indications sur les constructions en briques auxquelles nous renvoyons le lecteur et qui nous dispensent d'y revenir de nouveau ici.

Dans l'école de Vernonet, la maçonnerie est faite en mortier ordinaire. La brique employée a les dimensions de la brique de Bourgogne : l'architecte n'a cherché à obtenir aucun effet par la coloration différente des briques dont les tons n'étaient pas assez vifs pour atteindre ce résultat, mais, en revanche, il a mouvementé ses façades au moyen de combinaisons d'encorbellement successifs qui prennent l'apparence d'arcs de décharge. Sous les bandeaux en pierre sont des corbeaux formés par la saillie des angles alternés des briques; la corniche est formée de briques en saillie, séparées de mètre en mètre environ par de petites consoles en pierre supportant le chéneau.

Les dispositions intérieures sont parfaitement entendues. Les classes, au nombre de trois, placées au rez-de-chaussée, sont isolées, mais peuvent se réunir par la suppression de cloisons mobiles; la cage de l'escalier accusée facilite la distribution et silhouette la façade. Au premier étage se trouvent les cellules, une petite chapelle, le réfectoire et la cuisine; le service des classes, le mouvement des enfants sont, on le voit, complétement libres et séparés de celui du logis des frères instituteurs.

La dépense de cette construction s'est élevée à un chiffre relativement considérable, causé par le prix des matériaux et de la main-d'œuvre qui, dans un certain rayon autour du département de la Seine, atteint presque ceux qui sont payés à Paris; aussi, le mètre carré de surface couverte de l'école de Vernon a-t-il coûté 205 fr. environ, y compris cependant les dépendances, mobiliers des classes et murs de clôture.

MAISON D'ÉCOLE LAÏQUE POUR LES FILLES

A CURTIN (ISÈRE)

(PLANCHES XXXVI, XXVII ET XXXVIII)

Dans certaines provinces où les matériaux sont rares, d'un prix élevé, d'une mise en œuvre difficile, on emploie pour remédier à cette défavorable situation un mode de construction spécial, particulier, dans lequel la terre, à l'état naturel, entre comme élément principal et presque unique.

Ce mode de construction, appelé *pisé*, a été connu dès la plus haute antiquité; ses résultats laissent sans doute beaucoup à désirer, mais cependant employé dans de bonnes conditions, en observant les règles consacrées par l'expérience et les habitudes locales, le pisé peut offrir une construction solide, économique, d'une durée et d'un confort suffisant.

L'aspect des constructions en pisé n'est pas fort agréable; ces murs lisses, unis, sans retraites ni saillies, semblent froids et monotones; mais cette monotonie paraît préférable aux effets obtenus sur ces mêmes murs par une décoration peinte représentant une architecture menteuse, des pierres de taille, briques, colonnes, balcons ou portiques.

La construction en pisé rappelle celle du béton dont elle diffère toutefois, et nous allons en quelques lignes indiquer le mode d'exécution des ouvrages de cette nature.

La terre destinée à la maçonnerie de pisé doit être préparée d'avance, c'est-à-dire concassée, broyée, puis étendue sur le sol et arrosée; réunie ensuite en monceau, elle est conservée au moins 48 heures avant sa mise en œuvre, qu'il faut faire sans adjonction d'eau, afin d'éviter le retrait qu'elle éprouverait en séchant.

Pour élever des murs avec les terres ainsi préparées, on se sert de moules en bois appelés *banches*; ces moules ont la forme d'une caisse dont les côtés ont 2 mètres de long sur $0^m,60$ à $0^m,80$ de haut, et sont séparés par une distance (de $0^m,50$) qui représente l'épaisseur du mur; les extrémités de ces caisses forment les joints et sont plus ou moins inclinées jusqu'à $0^m,45$; les banches une fois placées, on jette au fond une certaine quantité de terre pilonnée ensuite, au moyen d'un instrument appelé *pisart*, qui en ramène la hauteur à $0^m,08$ ou $0^m,10$; sur la couche ainsi réglée s'étend un lit de mortier de $0^m,03$ d'épaisseur, puis une nouvelle couche de terre; on continue ainsi jusqu'au-dessus de la hauteur de la banche, que l'on enlève pour la reporter ailleurs; entre deux joints obliques se place un lit de mortier; dans les angles, afin d'éviter les joints, on se sert de deux paires de banches. Les lits horizontaux en mortier sont coulés tous les $0^m,05$; une précaution qu'il ne faut pas négliger est de s'assurer que la terre et le mortier mis en contact sont bien au même degré d'humidité.

On place souvent aussi dans l'intérieur des murs des semelles en chêne ou en sapin destinées à former un chaînage.

Les murs ainsi élevés sont recouverts d'un enduit en mortier comme celui que reçoivent les maçonneries ordinaires; cet enduit s'étend même parfois sur les parements des murs au fur et à mesure qu'ils s'élèvent, mais il est préférable d'attendre quelque temps pour que les tassements, toujours assez sensibles, aient fini de se produire.

L'école de Curtin, construite comme nous venons de le dire, présente encore cette particularité, que les pieds-droits, voussoirs et appuis des ouvertures sont en pierre factice obtenue au moyen de béton, de ciment préparé et disposé suivant les besoins de la construction, et offrant les formes rendues nécessaires par le but qu'elles devaient remplir.

Cette application du ciment, très-commune dans certaines contrées, se retrouve même dans les grandes villes, mais alors le ciment a la prétention d'imiter la pierre, de grands blocs monolithes reçoivent sur leurs parements les dessins d'un appareil imaginaire, la raison y perd et l'apparence n'y gagne rien.

La corniche de couronnement de l'école de Curtin offre une combinaison originale, toute en tuiles et briques; sa saillie, obtenue par deux encorbellements successifs, reçoit la gouttière éloignée du nu des murs que ses infiltrations auraient promptement détérioré.

Nous donnons, à la page ci-après, un tableau détaillé de l'évaluation des dépenses, dont le total présente un chiffre de 11,198f 78.

Le mètre carré de surface couverte ne coûte donc que 72 francs environ.

5

ÉVALUATION DES DÉPENSES.

	QUANTITÉS.	PRIX.	TOTAL.
Fouilles de terre et déblais.			26,69
Maçonnerie, moellons et mortier..	158ᵐᵗ,42	7,00	1108,95
Maçonnerie, — pour la voûte de la cave.	4ᵐᵗ,94	10,00	49,41
Pisé en terre battue.	268ᵐᵗ,41	1,25	335,51
Taille des moellons du socle et des angles de la façade.			106,68
Encadrements des ouvertures.	104ᵐ,34	5,75	599,96
Perrons et marchés d'escalier.			140,93
Pavés en carreaux de terre cuite..	14ᵐᵗ,06	2,50	35,15
Charpente des combles.			597,25
Charpente des planchers, parquets.			983,26
Escaliers.			304,00
Couverture..			765,34
Menuiserie..			704,25
Plâtrerie et enduits.			942,80
Peinture et vitrerie.			485,55
Fumisterie, cheminées en marbre.			241,27
Fers et serrurerie..			1190,84
Construction des dépendances			1856,61
Travaux divers..			387,06

Total des travaux. 10665,51

Honoraires de l'architecte, 5 p. 100. 533,27

Total de la dépense. 11198,78

ÉCOLE LAÏQUE DE FILLES A JUIF (SAONE-ET-LOIRE)

(PLANCHES XXXIX, XL, XLI ET XLII)

L'école de Juif est élevée dans un pays riche, abondant en matériaux excellents, de natures variées, d'un emploi facile ; la pierre y est commune, à bon marché, et se prétant à recevoir toutes les formes ; aussi, bien que l'édifice qu'il élevât fût des plus modestes, conçu dans les proportions et les dispositions les plus simples, l'architecte a-t-il pu, sans sortir des limites d'une sage sobriété, donner à son œuvre une apparence qui n'eût pu être obtenue dans d'autres conditions sans occasionner une dépense assez considérable.

Le rez-de-chaussée comprend la salle de classe pouvant recevoir trente à trente-cinq élèves, un ouvroir où les jeunes filles apprennent les divers ouvrages de couture, et la cage de l'escalier isolée, avec une entrée distincte pour le logement de l'institutrice, distribué au premier étage et composé de deux pièces à feu avec une cuisine. En avant du bâtiment, est une cour, séparée du jardin par une clôture à claire-voie.

Les façades sont construites en moellons recouverts d'enduit, les encadrements des ouvertures sont en pierres de taille, et les angles du bâtiment, les rampants des pignons, en moellons piqués ; un auvent en pierre abrite la porte d'entrée, un détail de cet auvent en fait comprendre l'appareil et le mode de construction ; les linteaux des ouvertures latérales, qui ont une assez longue portée, sont soulagés par des arcs de décharge en moellons laissés apparents.

Les détails du petit monument ont tous été étudiés avec soin, aussi avons-nous cru devoir en donner quelques-uns relatifs à l'appareil, aux menuiseries, etc., etc., qui pourront servir d'utiles renseignements à nos lecteurs.

Le mètre carré de surface couverte de la construction a coûté 84 francs environ.

ÉVALUATION DES DÉPENSES.

NATURE DES OUVRAGES.	QUANTITÉS.	PRIX.	TOTAL.
Terrasse.	80,00	0,80	64,00
Maçonnerie de moellons ordinaires.	470,00	8,00	1360,00
Maçonnerie de moellons piqués (plus-value)	120,00	1,50	180,00
Maçonnerie de pierres de taille.	14,00	40,00	560,00
Taille des parements.	70,00	4,00	280,00
Charpente.	4,60	80,00	368,00
Couverture en ardoises.	140,00	5,00	700,00
Plomberie.			200,00
Menuiserie.			580,00
Serrurerie.			200,00
Escaliers.			220,00
Plâtrerie.			560,00
Vitrerie.			180,00
Peinture.			280,00
Fumisterie			260,00
Travaux divers.			580,00

Total. 6672,00

Honoraires de l'architecte, à 5 p. 100. 333,60

Total général. 7005,60

ÉCOLE CONGRÉGANISTE DE FILLES A MONTVENDRE (DRÔME)

(PLANCHES XLIII, XLIV ET XLV)

La commune de Montvendre a une population d'environ 1,000 habitants, et par suite, doit posséder deux écoles distinctes pour les garçons et les filles ; c'est cette dernière école que représentent nos dessins.

Le bâtiment scolaire renferme l'école communale, un ouvroir et un petit pensionnat pour six élèves.

Au rez-de-chaussée se trouve, en avant, un porche ouvert par une large arcade ; ce porche sert de préau, il protége la classe du côté du midi contre la trop grande ardeur du soleil ; à droite est une petite pièce où les enfants déposent leurs paniers avant d'entrer en classe, puis l'ouvroir et le réfectoire près de la cuisine ; au premier étage sont le logement des sœurs et le pensionnat.

Une des difficultés qui se présentent souvent dans la construction d'une école, c'est la distribution du rez-de-chaussée où la salle des classes, ayant une hauteur obligée, force les autres pièces moins importantes, placées au même étage, à s'élever au même niveau ; d'où une dépense inutile et un résultat fâcheux. L'architecte de l'école de Montvendre a adroitement résolu la difficulté : il a réparti à droite et à gauche de la classe, dans des annexes distinctes mais réunies par le porche, les pièces secondaires où une hauteur de 3ᵐ.80 devenait inutile et superflue, puis au premier étage la hauteur des combles de ces mêmes annexes a été utilisée pour y placer la lingerie, le vestiaire, un grenier et un magasin; cette combinaison a diminué la dépense et donné aux façades une silhouette plus mouvementée.

Ces façades ont du caractère, leur aspect fait reconnaître la destination spéciale du bâtiment, sans qu'elles soient pour cela tristes ou trop sévères, les proportions sont heureuses et l'excessive simplicité dans les détails est à signaler.

La construction est soignée; la pierre est employée par assises réglées sans augmentation de dépenses, parce que la hauteur des assises est celle des lits de carrières; le socle est en pierre dure de Crussol, les ouvertures en pierre tendre du pays, et les angles en tuf; cette dernière nature de pierre est une mollasse formée de sable aggluliné, résistant mal à la pression et pas du tout à l'action des pluies, qui l'usent très-rapidement et enlèvent non-seulement assez vite les parements taillés, mais encore ouvrent sur la surface de profonds sillons. Aussi, son emploi n'offre-t-il que des conditions de durée insuffisante.

Les matériaux et la main-d'œuvre ne sont pas dans la Drôme d'un prix élevé; ainsi, l'école de Montvendre n'a donné lieu qu'à une dépense totale de 10,384 fr. 50 c. Le mètre carré de surface couverte n'est donc revenu qu'à environ 65 francs. Il faut toutefois ajouter que les travaux ont été exécutés il y a déjà plusieurs années, et que depuis cette époque les matériaux ont subi une augmentation sensible.

ÉVALUATION DES DÉPENSES.

NATURE DES TRAVAUX.	QUANTITÉS.	PRIX.	TOTAL.
Fouilles.	75,00	0,30	30,00
Maçonnerie de moellons du pays.	400,00	6,00	2400,00
Maçonnerie de pierres de taille de Crussol pour socle, y compris taille des parements.	3mc,20	80,00	476,00
Maçonnerie de pierres de taille tendre pour les ouvertures.	92mc,00	6,20	570,00
Maçonnerie de pierres de taille dite tuf pour les angles.. .	20mc,30	25,00	500,00
Maçonnerie de pierres de taille dite tuf pour couronnement des murs..	65mc,00	6,00	390,00
Enduits en mortier.	1028mq,00	0,50	511,00
Marches d'escalier en pierre de Bruas.	19 marches	7,00	133,00
Planchers et combles en sapin.	11mc,80	55,00	649,00
Chevrons pour les combles.	430mc,00	0,40	492,00
Lattes de 0m,02 d'épaisseur.	475mc,00	4,30	204,00
Couverture.	»		304,90
Planchers en sapin de 0m,027 d'épaisseur.	220mq,00	3,00	660,00
Lambourdes.	160mc,00	0,40	64,00
Portes et croisées en noyer.	38,00	9,00	342,00
Volets et portes en sapin.	35,00	5,50	192,00
Portes et panneaux en sapin.	31,00	6,00	186,00
Chambranle, poteaux, plinthes, baguettes..	»		322,00
Plâtrerie.	»		662,00
Serrurerie.	»		760,00
Travaux divers.	»		440,00
Cabinets extérieurs.	»		200,00
	Total.		9890,00
	Honoraires de l'architecte.		494,50
	Dépense totale.		10384,50

MAISON D'ÉCOLE CONGRÉGANISTE POUR LES FILLES
A SAINT-LÉGER-BOURG-DENIS (SEINE-INFÉRIEURE)

(PLANCHES XLVI ET XLVII)

On trouve dans la maison d'école de Saint-Léger la satisfaction du programme imposé aux édifices de cette nature.

La classe est vaste et bien aérée, un ouvroir l'accompagne et lui est réuni au moyen de deux grands arcs.

L'entrée des enfants est distincte de celle du logement des sœurs qui desservent l'école; ce logement est placé au premier étage; il comprend un petit oratoire, une cuisine, un réfectoire et trois cellules.

Élevée dans un pays où manque la pierre, la construction est entièrement en briques; les briques de premier choix, aux arêtes nettes et de couleur vive, sont réservées pour les angles du bâtiment, les pieds-droits et les arcs; celles de second choix sont au contraire employées dans les épaisseurs des murs et recouvertes d'un enduit.

Cette combinaison bien simple a permis d'obtenir, sans grandes dépenses, des parements de couleurs variées dans lesquels le ton de l'enduit tranche sur celui de la brique et offre à l'œil un contraste qui fait facilement reconnaître les parties solides de la bâtisse et celles qui n'en sont que le remplissage.

La brique employée a 0m,11 × 0m,22 et 0m,055, les joints sont en ciment et passés au fer pour les parties en élévation, et au contraire laissés blancs au mortier pour le socle.

Nous rappellerons combien il est important, pour que la maçonnerie de briques soit élevée dans de bonnes conditions de solidité et de durée, que les lits de mortier placés entre chaque brique aient une forte épaisseur, et que la brique soit mouillée avant son emploi.

La brique est par sa nature sèche et poreuse : placée sur un lit de mortier trop mince, elle absorbe bien vite toute l'eau qu'il contient, le dessèche complétement et lui fait perdre ainsi toute force et toute adhérence.

Le plancher de la salle de classe est formé de solives portant de bout à bout sur chaque mur de face.

Ce système un peu simple était insuffisant et n'a pas permis à l'architecte de charger le plancher supérieur du poids de cloisons en briques;

Il les a remplacées par des cloisons en planches qui ne forment pas entre chaque division une clôture convenable.

Enfin la différence de niveau entre le sol extérieur et celui du rez-de-chaussée n'est pas assez grande, et l'humidité gagne le pied des murs.

ÉCOLE DE GARÇONS ET FILLES A GAUBERT (BASSES-ALPES)

(PLANCHES XLVIII ET XLIX)

Nous sommes entrés, à propos de l'école du Lautaret (Basses-Alpes), dans des détails qui nous dispensent de revenir ici sur le mode de construction et la nature des matériaux employés, et qui sont exactement les mêmes dans ces deux écoles.

Il nous suffira d'appeler l'attention du lecteur sur les dispositions générales, l'économie du plan et l'adroite disposition du logement des instituteurs.

Ce bâtiment contient deux écoles : l'une pour les garçons, l'autre pour les filles; une séparation constante doit exister non-seulement entre les enfants, mais entre l'instituteur et l'institutrice; un mur divise les cours et jardins, et, par la hauteur qui lui est donnée à son point de rencontre des murs de face, empêche les regards d'avoir une vue directe sur les jardins contigus.

Les salles n'ont d'ouvertures que sur la façade du midi; celle du nord est fermée et protégée par l'épaisseur de la cage de l'escalier; un jardin précède la classe suivie d'une cour : tout l'établissement est entouré d'un mur de clôture qui assure l'indépendance et l'isolement des écoles.

Le mètre carré de surface couverte n'a coûté que 75 francs environ.

ÉVALUATION DES DÉPENSES.

NATURE DES TRAVAUX.	QUANTITÉS.	PRIX.	TOTAL.
Fouilles et terrassements.	37,702	0,50	18,85
Maçonnerie en fondations.	34,007	7,00	238,04
— murs de clôture.	36,065	7,00	252,45
— sur élévation.	210,220	8,00	1684,76
— pour voûtes.	4,06	8,00	32,48
— pierres de taille.			380,74
Couverture en tuiles creuses.	145,84	3,50	510,44
Charpente assemblée.	1,464	75,00	109,80
— non assemblée.	7,293	55,00	401,11
Fers pour boulons, etc.			49,60
Planchers.	269,04	2,75	739,86
Carrelage en grands carreaux.	182,00	2,00	364,00
Carrelage en petits carreaux.	87,04	2,50	217,60
Cloisons de distribution.	140,80	2,30	323,84
Plafonds.	315,00	0,80	252,00
Coffres de cheminée.	39,20	2,50	98,00
Geuoise (corniche).	29,00	1,70	49,30
Bandeaux en plâtre.	14,50	1,50	21,75
Cheminées et pierres d'évier.			108,00
Escalier, marches.	44,00	4,50	198,00
Menuiserie et serrurerie.			1422,54
Zinguerie.			135,00
Travaux divers.			609,10
Total			8491,13
Honoraires de l'architecte, à p. 100.			424,50
Total général.			8915,63

ÉCOLE DE FILLES ET DE GARÇONS A AILLANT-SUR-THOLON

(YONNE)

(Planches L, LI et LII)

Le bâtiment scolaire de la commune d'Aillant-sur-Tholon est destiné à recevoir les écoles des enfants des deux sexes; mais chaque école est distincte et répartie dans une construction séparée. (La population de la commune est d'environ 1,600 habitants.)

L'école des garçons est laïque et dirigée par un instituteur, l'école des filles est congréganiste et dirigée par une communauté religieuse.

En outre de l'école, deux petits bâtiments annexes contiennent, l'un le logement du garde champêtre, l'autre celui du cantonnier des chemins vicinaux.

Les salles d'école sont au rez-de-chaussée, elles sont vastes et bien aérées, précédées chacune d'un large vestibule qui sert de dépôt aux paniers des enfants, et au fond duquel se trouve l'escalier qui mène au premier étage, consacré au logement de l'instituteur et à celui des sœurs.

Nous avons dit que la population de la commune était de 1,600 habitants; le nombre d'enfants de chaque sexe appelés à fréquenter l'école doit donc être, en prenant pour base la moyenne précédemment établie, de 80 à 90 : or la surface de chaque salle est de 88, ce qui donne 1 mètre carré par élève; la hauteur du plancher étant de 4 mètres, ces salles sont dans d'excellentes conditions d'étendue et de salubrité.

Ajoutons encore qu'elles sont aérées par une cheminée d'appel, ventilées et éclairées par de nombreuses et grandes fenêtres.

Nous appelons l'attention de nos lecteurs sur la partie décorative des façades, qui peut-être encourra le reproche de présenter une trop grande variété de forme, mais est cependant très-étudiée et certainement très-heureuse.

Les dispositions adoptées pour les ouvertures des différents étages et les différents services sont parfaitement appropriées à leur destination; on reconnaît bien vite sur ces façades les parties du bâtiment consacrées à l'étu le et celles consacrées à l'habitation, pendant que des baies largement ouvertes indiquent l'acc s des vestibules.

La commune d'Aillant est en Bourgogne, province fertile, riche, abondante en matériaux excellents et variés se prêtant merveilleusement à tous les besoins et à toutes les nécessités des constructions.

L'architecte a su tirer parti d'une situation aussi favorable en combinant dans une sage mesure les richesses qu'il avait sous la main; les tons blancs de la pierre se marient agréablement avec les tons plus chauds de la brique; le système de construction est logique et raisonné, les profils sont sobres, avec des moulures simples, mais toujours comprises dans une hauteur d'assises; l'appareil est bien combiné et l'ensemble général donne un résultat des plus satisfaisants.

Nous avons cru intéressant de donner, outre les dessins représentant l'aspect général de l'édifice, une planche de détail qui les fait comprendre d'une manière plus précise et indique en même temps le parti adopté sur certains points les plus réussis de la construction.

Construite avec luxe dans l'emploi des matériaux et dans les dispositions générales, l'école d'Aillant a donné lieu à une dépense totale de 61,867 fr. 41 c., ce qui fait revenir à environ 150 fr. le mètre carré de surface couverte.

ÉVALUATION DES TRAVAUX.

NATURE DES OUVRAGES.	QUANTITÉS.	PRIX.	TOTAL.
Terrassements, déblais en terre végétale.	458,63	0,53	343,07
Pilotis, pieux en verne.	1035,00	4,50	4657,50
Sable dans les fondations.	34,86	7,04	245,44
Maçonnerie de béton en silex	138,58	19,06	2641,33
— de silex avec mortier.	345,44	9,22	3184,96
— de moellons ordinaires.	768,25	6,80	5224,10
— pierres de taille de la Maure. . . .	21,13	61,61	1304,81
— moellons piqués de Pacy.	23,86	9,43	225,00
— pierres de taille de Courson.	93,30	47,50	4431,75
— briques doubles à plat.	94,67	33,86	3205,53
Taille layée sur pierre dure.	49,29	5,28	260,25
— bouchardée sur pierre dure.	52,34	4,80	252,19
— rustiquée sur moellons.	24,34	2,82	68,64
— layée sur pierre de Courson.	937,57	3,09	2681,71
Enduits en ciment de Vassy.	21,38	2,00	42,76
Charpente en bois de chêne, 1re q.	26,38	117,73	3105,71
— bois de chêne, 2e q.	55,87	92,70	5179,00
— bois blanc assemblé.	1,30	50,51	65,66
— bois blanc pour chevrons.	13,60	41,35	562,36
— escalier (marches).	92,00	8,00	736,00
— échelles.	32	4,00	138,00
Couverture en ardoises d'Angers.	624,42	4,00	2497,68
— chaperons en tuiles.	98,71	2,57	253,68
Carrelage.	»	»	2138,07
Plâtrerie.	»	»	2414,90
Menuiserie.	»	»	4884,76
Serrurerie.	»	»	3520,82
Peinture.	»	»	4114,70
Vitrerie.	»	»	460,60
Plomberie.	»	»	463,53
Zinguerie.	»	»	925,10
Sculptures.	»	»	625,00
Divers et mobiliers.	»	»	2454,15

Total. 58995,58

Honoraires de l'architecte, 5 p. 100. 2949,77

Avances. . . . . 43 »

Frais de voyage. 583,25

Total général des dépenses. 62571,60

TITRE II

SALLES D'ASILE

---

§ 1. RENSEIGNEMENTS GÉNÉRAUX

Les salles d'asile sont des établissements d'éducation destinés à recevoir pendant le jour les enfants des deux sexes que leurs parents, éloignés du logis par le travail quotidien, ne peuvent garder avec eux.

Cette institution essentiellement philanthropique a donné d'excellents résultats partout où elle a été organisée, mais c'est surtout dans les grands centres manufacturiers que le but qu'elle se proposait a été le plus heureusement atteint, car là, plus que partout ailleurs, le travail éloigne et occupe les mères pendant le jour, les obligeant à laisser leurs enfants privés des soins nécessaires, abandonnés à eux-mêmes, ou, ce qui est pis peut-être, livrés au danger d'un labeur trop précoce.

Le bien produit par les salles d'asile est incontestable, et, d'abord accueillies avec une certaine méfiance, elles dépassent maintenant le résultat qu'on en attendait; les procédés employés développent chez les enfants le sentiment religieux et moral, préparent, sans les fatiguer, ces jeunes intelligences à l'instruction qu'elles recevront plus tard à l'école, tandis que les exercices physiques, fortifient leur corps et préservent leur santé.

La salle d'asile prend l'enfant au berceau, lui inculque, dès qu'il peut les comprendre, des habitudes d'ordre, de discipline et de propreté dont plus tard il recueillera les fruits; elle tient le milieu entre la crèche, qui le prend au maillot, et l'école, où il reçoit l'instruction nécessaire.

La création des salles d'asile s'est rapidement développée dans presque toutes les villes industrielles, et nous les voyons maintenant se propager dans tous les centres de quelque importance; cependant les communes rurales, auxquelles elles rendraient de si grands secours, en sont encore souvent privées, par suite de l'impossibilité, pour les administrations locales, de faire face à une dépense qui serait relativement d'autant plus considérable que le bienfait en résultant profiterait à un nombre plus restreint d'individus.

Afin d'atteindre le but qui leur est assigné, les salles d'asile ont une organisation déterminée par certains règlements; les premiers regardent la construction, l'établissement en lui-même, et sont à peu de choses près les mêmes que ceux qui régissent les maisons d'école; les autres au contraire, concernent les dispositions générales du régime intérieur et l'installation qui lui est spéciale.

L'exécution de ces règlements, qui cependant n'ont trait qu'aux exigences rendues absolument nécessaires par le service, font de l'établissement d'une salle d'asile une entreprise toujours coûteuse à cause du grand développement qu'exigent les constructions nécessaires. En effet, une salle d'asile comprend d'abord la salle d'asile proprement dite, appelée salle des exercices; un

6

préau servant aux récréations ; les services généraux, cuisine, réfectoire, etc., et, enfin, les logements des directrices laïques ou congréganistes lorsqu'ils sont nécessaires. La salle des exercices et celle du préau ont la même surface ; dans la première ont lieu les exercices pour ainsi dire intellectuels ; dans la seconde, les exercices physiques ; ce fréquent changement de place et de travail est très-nécessaire à l'enfance, toujours avide de mouvements ; il permet en outre de constamment renouveler l'atmosphère et de facilement assurer la propreté du local qui vient d'être momentanément abandonné.

Les salles d'asile sont privées ou publiques, laïques ou congréganistes ; elles renferment le logement des directrices ou tout simplement des locaux ouverts le matin, fermés le soir ; souvent encore elles nourrissent les enfants pendant le jour, mais dans ces différents cas, les mêmes règlements, les mêmes prescriptions les gouvernent et les régissent.

Voici ceux de ces règlements administratifs que nous avons cru utile de mettre sous les yeux de nos lecteurs. Nous les renvoyons, en ce qui concerne les conditions générales de construction et d'établissement, aux instructions relatives aux écoles[1], et nous ne nous occupons ici que de l'organisation de l'installation et de la construction spéciale des salles d'asile.

DOCUMENTS OFFICIELS

Règlement général en date du 21 mars 1855.

Article 20. Il y a dans chaque salle d'asile plusieurs rangs de gradins, au nombre de cinq au moins et de dix au plus. Ces gradins doivent garnir toute l'extrémité de la salle.

Il est réservé, au milieu et de chaque côté de ces gradins, un passage destiné à faciliter le classement et les mouvements des enfants.

Des bancs fixés au plancher sont placés dans le reste de la salle, avec un espace vide au milieu pour les évolutions.

Dans la salle destinée aux repas, des planches sont disposées le long des murs, et des patères ou crochets sont fixés au-dessous pour recevoir les paniers des enfants et les divers objets à leur usage. Chaque planche est divisée par une raie, en autant de cases qu'il y a d'enfants. Des numéros correspondants aux numéros des paniers sont peints au-dessous de chaque case.

Des lieux d'aisances, distincts pour chaque sexe, sont placés de manière à être facilement surveillés ; ils doivent être aérés et disposés de telle sorte qu'il ne résulte de leur voisinage aucune cause d'insalubrité pour l'asile. Le nombre des cabinets est proportionné à celui des enfants. Chaque cabinet doit être clos par une porte sans loquet, ayant au plus 76 centimètres de hauteur et retombant sur elle-même.

La cour doit être spacieuse, le sol battu et uni.

Article 21. — Le mobilier des salles d'asile se compose de lits de camp sans rideaux ou de hamacs ; d'une pendule, d'un boulier compteur à dix rangées de dix boules chacune, de tableaux et de porte-tableaux, d'une planche noire sur un chevalet et de crayons blancs, d'un porte-dessins ; de plusieurs cahiers d'images renfermés dans un portefeuille, d'une table à écrire garnie d'un casier pour les registres, d'une grande armoire ; de petites ardoises en nombre égal à celui des enfants, de leurs crayons ; d'un poêle ; d'une grande fontaine ou d'un robinet alimenté par une concession d'eau, se déversant sur un grand lavabo à double fond ; d'autant d'éponges qu'il y a d'enfants dans la salle d'asile ; enfin, de tous les ustensiles nécessaires aux soins des enfants et à la propreté du service ; d'un claquoir et d'un sifflet.

1. Titre I. Maisons d'école, renseignements généraux, page 7 et suiv.

Décret du 22 mars 1855.

Article 1. Les salles d'asile publiques ou libres sont des établissements d'éducation où les enfants des deux sexes de deux à sept ans reçoivent les soins que réclame leur développement physique et moral.

Article 4. Les salles d'asile sont situées au rez-de-chaussée, elles sont planchéiées et éclairées autant que possible des deux côtés par des fenêtres fermées avec des châssis mobiles.

Les dimensions des salles doivent être calculées de façon à ce qu'il y ait au moins deux mètres cubes d'air par chaque enfant admis.

A côté de la salle d'exercice il y a un préau destiné aux repas et aux récréations.

Article 5. Nulle salle d'asile ne peut être ouverte avant que l'inspecteur d'académie n'ait reconnu qu'elle réunit les conditions de salubrité ci-dessus prescrites.

Article 6. Il y a dans chaque salle d'asile publique du culte catholique un crucifix, une image de la Vierge, un portrait de l'Impératrice.

Article 8. Le titre de salle d'asile modèle peut être conféré par le ministre de l'instruction publique sur la proposition du Conseil central de patronage, à celle des salles d'asile qui auraient été signalées, par les déléguées spéciales, pour la bonne disposition du local, l'état satisfaisant du mobilier, les soins donnés aux enfants, ainsi que pour l'emploi judicieux et intelligent des meilleurs moyens d'éducation et de premier enseignement.

La circulaire ministérielle en date du 12 juin 1838 faisait connaître quelles sont les conditions que doivent remplir les salles d'asile pour mériter le titre de salle d'asile modèle.

Comme une administration municipale peut exiger que la salle d'asile qu'elle projette remplisse ces exigences, nous croyons pouvoir reproduire ici ce programme dont les indications seraient, dans ce cas, très-utiles à l'architecte.

1° *Local.* Doit être en tous points conforme aux prescriptions du règlement général et du décret du 22 mars 1855; en outre des conditions énumérées dans les articles de ces documents, porter son attention sur les points suivants :

Le vestibule est-il fermé par une barrière destinée à empêcher le public d'entrer dans la salle d'asile? Dimensions des classes (art. 4 du décret). Sont-elles proportionnées au nombre des enfants que l'asile doit recevoir? Quelle est la forme des gradins? Quelle est la hauteur et la largeur des marches? Quel est l'appareil de chauffage? Comment est-il pourvu à l'aération et à la ventilation? Où est placé le lavabo? comment est-il organisé?

Le préau est-il d'une dimension au moins égale à celle de la salle d'exercices?

La cour est-elle spacieuse, de plain-pied, attenante aux salles? Le sol est-il uni et battu?

Les lieux d'aisances sont-ils situés de manière à être facilement surveillés? sont-ils bien aérés? peut-on y arriver à couvert? Quel est le nombre des compartiments? Se conforme-t-on exactement aux diverses prescriptions de l'article du règlement général?

2° *Mobilier.* La salle d'asile est-elle munie de tous les objets désignés dans l'article 21 du règlement du 22 mars 1855, et tous les objets sont-ils en bon état de conservation? Comment est-il pourvu aux soins de propreté?

La circulaire ministérielle en date du 18 septembre 1861 accompagnait l'envoi fait aux préfets d'un exemplaire d'un ouvrage renfermant un certain nombre de plans modèles et de devis concernant la construction des salles d'asile.

Ces projets, très-discutables dans la forme, ne pourraient recevoir leur exécution que dans un petit nombre de cas assez restreints; ils devraient forcément subir partout ailleurs des modifications exigées par les différences de climat, de pays, d'habitudes locales, par la nature des matériaux et leur mode d'emploi. Ils ne sortent donc pas des essais de ce genre dont nous avons déjà parlé, et par suite nous croyons inutile de nous y arrêter de nouveau.

§ 2. NOTICES DESCRIPTIVES

SALLE D'ASILE A ANCENIS (LOIRE-INFÉRIEURE)

(PLANCHES LIII ET LIV)

La salle d'asile d'Ancenis est importante, elle comprend deux bâtiments en aile élevés d'un rez-de-chaussée et séparés par un bâtiment central élevé d'un premier étage. Dans les ailes sont installées les salles, distinctes pour les garçons et pour les filles. Le logement des sœurs est au premier étage, et, comme les enfants ne sont pas nourris pendant le jour, on a pu supprimer le grand réfectoire et la cuisine; les salles sont accompagnées de leur préau et précédées d'un vestibule.

La construction est très-simple; la différence d'aspect des bâtiments destinés à l'habitation ou aux salles fait bien sentir leur destination respective; enfin, et c'est là le point à signaler, une intelligente disposition a permis d'utiliser, pour augmenter la hauteur des salles, les combles, que leur étendue eût rendus sans emploi; les plafonds de ces salles sont reportés au-dessus de l'entrait de la charpente et suivent l'inclinaison du toit, la hauteur réglementaire minimum de 4 mètres se trouve ainsi portée à 5^m,30 sans augmentation de dépense.

Le mètre carré de surface de construction couverte a coûté 62 francs environ.

ÉVALUATION DES TRAVAUX

	QUANTITÉ.	PRIX.	TOTAL.
Terrasse.	154,00	0,50	77,00
Maçonnerie de moellons.	327,00	11,00	3594,00
Pierre de taille (granit).	36,00	98,00	3240,00
« (gabarien).	54,00	55,00	2960,00
Charpente (chêne).	47,00	90,00	4530,00
Couverture (ardoises).	530,00	2,00	1060,00
Plomberie.	«	«	500,00
Menuiserie.	«	«	6200,00
Serrurerie	«	«	2600,00
Gros fer.	«	«	520,00
Plâtrerie plafonds.	480,00	1,50	720,00
« Cloisons.	160,00	1,50	240,00
Peintures.	1800,00	1,00	1800,00
Vitrerie.	50,00	5,00	544,00
Travaux divers.			2300,00
			27624,00
Honoraires de l'architecte, 5 p. 100.			1386,20
Total général.			29010,20

SALLE D'ASILE A L'HOPITAL (AUBUSSON, CREUSE)

(PLANCHES LV ET LVI)

Le faubourg de l'Hôpital dépend de la ville d'Aubusson; sa population est entièremen-industrielle; les parents, occupés tout le jour dans les fabriques de tapis, laissent leurs enfants seuls au logis; dans de telles conditions, une salle d'asile devient une véritable nécessité. Les ressources communales étant limitées, afin de diminuer les charges qu'eussent entraînées l'établissement et l'entretien d'une salle d'asile isolée, indépendante et administrée par une communauté religieuse ou une directrice spécialement occupée de ce soin, l'administration municipale a réuni cette salle d'asile à l'hôpital, mais en les séparant toutefois par une assez grande distance, une cour et des jardins. Aussi les bâtiments ne contiennent-ils que l'asile propre-ment dit : le logement des sœurs, devenu inutile, est tout à fait supprimé. Le service se fait par les religieuses chargées de l'hôpital, avec lequel l'asile est en communication au moyen d'une galerie qui sert en même temps de salle de récréation et de préau couvert.

Le bâtiment est élevé dans une rue solitaire. A l'entrée, un grand vestibule servant au dépôt des paniers des enfants et de salle d'attente et d'entrée pour les mères qui les conduisent ou viennent les chercher; à gauche, la salle des exercices, pouvant contenir 150 enfants; à droite le réfectoire, très-important parce que les deux sexes étant réunis, ils prennent ensemble leur repas du milieu du jour. Ces trois pièces communiquent au moyen de quatre larges portes, permettant aux institutrices de faire développer le plus possible les promenades qui constituent un des exer-cices les plus fréquents de la salle d'asile; en outre, une partie libre au-dessus des cloisons de séparation rend plus complète l'aération de ces trois salles et répartit dans chacune d'elles une plus grande quantité d'air et de lumière.

La construction est en granit, pierres et moellons; les voussoirs des ouvertures sont en briques, qui tranchent sur le ton gris des enduits; la charpente et le plancher sont en chêne, la couverture est en zinc. L'aspect de l'asile d'Aubusson est non pas luxueux, mais confortable. L'ar-chitecte s'est, on le voit, surtout préoccupé de bien installer les services de l'intérieur, de les rendre commodes, de prévoir tout ce qui pouvait être utile et compléter les dispositions qu'il adoptait. Nous devons toutefois regretter l'établissement d'un plafond au-dessus du tirant des charpentes : il eût été bien préférable de voir donner à l'intérieur des salles toute la hauteur des combles rendus apparents et de reporter ce plafond sous les arbalétriers.

La dépense, non compris la galerie, s'est élevée à la somme de 12,705 francs, ce qui fait revenir à 63 francs le mètre carré de surface couverte.

ÉVALUATION DES TRAVAUX

Maçonnerie.	5350,00
Charpente et couverture.	3600,00
Zinguerie et plomberie.	300,00
Menuiserie parquets.	1400,00
Serrurerie.	350,00
Peinture et vitrerie.	600,00
Travaux divers.	500,00
	12100,00
Honoraires de l'architecte, à 5 p. 100	605,00
Total général.	12705,00

SALLE D'ASILE A SAINT-ÉTIENNE (LIMOGES, HAUTE-VIENNE)

(PLANCHES LVII, LVIII ET LIX)

Nous avons dit précédemment, et nous répétons à propos de l'asile Saint-Étienne (car, à son égard, cette observation a besoin d'être faite et expliquée) que la construction d'une salle d'asile donne toujours lieu à une dépense relativement élevée par suite du grand développement de surface qu'exigent les bâtiments. Ainsi, ce plan, qui répond aux conditions que nous avons énumérées, montre : à l'entrée, un vestibule, où les mères attendent leurs enfants sans pénétrer à l'intérieur, afin d'éviter de leur part des réclamations incessantes et souvent fâcheuses ; le cabinet de la supérieure, pour l'inscription et la réception des jeunes enfants, puis, la cuisine dans laquelle se prépare le repas de ceux qui ne quittent pas l'asile pendant le jour. Au-dessus de ce rez-de-chaussée, au premier étage, est le logement des sœurs. Nous devons reconnaître l'exiguïté de ces quelques pièces et regretter l'absence d'une petite salle nécessaire dans un grand asile pour recevoir les enfants malades ou indisposés pendant le jour. En face du vestibule est le préau, et à la suite l'asile ; ces deux grandes salles sont de même surface ; la façon dont leurs plans sont disposés l'un par rapport à l'autre, a permis de les aérer de tous côtés, au moyen de hautes fenêtres dont l'appui est assez élevé pour que l'air se renouvelle sans que les courants passant au-dessus de la tête des enfants puissent nuire à leur santé. La hauteur sous planchers est de 5 mètres pour les salles : cette hauteur n'est pas excessive quand on sait que 300 enfants parfois peuvent s'y trouver réunis en même temps ; des lavabos, placés sous des galeries latérales qui conduisent aux cabinets, servent à la toilette faite à l'arrivée et au départ de tout ce petit monde que trois sœurs suffisent à gouverner.

La construction est en moellons ordinaires enduits pour les murs ; à l'exception de la façade principale élevée en pierres de taille, ces matériaux sont du granit, ce qui expliquerait suffisamment la simplicité ou la pauvreté des façades, si la destination de l'édifice ne la justifiait suffisamment. Comme on le voit, le programme est simplement rempli : une certaine ampleur de formes, une bonne recherche, il est vrai, mais sans futiles ornements ; et, cependant, la dépense s'est élevée à 100 francs le mètre carré ; encore faut-il remarquer que le bâtiment de la façade, dont la surface est de 60 mètres, seul monte à un premier étage.

ÉVALUATION DES TRAVAUX

Maçonnerie.	11310,00
Charpente et couverture.	9945,00
Menuiserie.	4854,03
Zinguerie et plomberie.	4257,47
Serrurerie.	1369,64
Peinture et vitrerie.	672,30
Cabinets.	562,03
	29969,43
A déduire le rabais de 11 p. 100 courant, par l'entrepreneur.	3296,63
Reste.	26672,80
Honoraires de l'architecte, 5 p. 100.	1338,64
Total.	28011,44

SALLE D'ASILE A BERGEIM (BELGIQUE)

(PLANCHES LX ET LXI)

L'utilité des règlements administratifs ne peut raisonnablement être discutée. Cependant leur application rigoureuse entraîne parfois à des mécomptes, et nous allons voir, à propos des salles d'asile, quels résultats on obtient en suivant un règlement à la lettre, sans se pénétrer de son esprit et de son principe.

La construction des salles d'asile est soumise à certaines règles utiles et sagement prévues; l'administration veille à leur strict accomplissement, c'est son droit et son devoir. Mais ne dépasse-t-elle pas son but quand, après avoir fait connaître ses exigences, elle les résume dans des modèles dont elle veut imposer les types, sans reconnaître à l'avance qu'ils sont susceptibles sinon de modifications, au moins d'interprétations.

Il est, dira-t-on, possible de se soustraire aux exigences administratives. Les communes n'ont pas aliéné leur liberté; elles peuvent, dans une certaine mesure, réaliser le programme qu'elles se sont tracé en dehors de toute influence. Mais alors il leur faut renoncer au secours dont l'allocation leur est parfois indispensable, et, si l'isolement où elles se placent dans ce cas a des avantages, ces avantages ne compenseraient pas les inconvénients qu'elles y trouveraient.

Revenons aux salles d'asile.

Les règlements administratifs demandent, par exemple, que la salle d'asile proprement dite soit accompagnée d'un préau dont la surface doit être égale à celle de cette salle. Cette condition est excellente et son énoncé suffisait. Chaque architecte eût placé son préau comme il l'eût entendu. Mais l'administration a joint à son règlement des modèles de salles d'asile, dans lesquels le préau est une seconde salle semblable à la première, placée en avant ou à la suite. Cette disposition, présentée et appuyée par l'administration, devient une formule reproduite en toute circonstance, sans tenir compte de ce que, par exemple dans le midi, le préau peut n'être qu'un hangar abritant du soleil, tandis que dans le nord il doit être chaud et parfaitement clos. Tant il est vrai que sortir des habitudes prises et de la routine n'est pas chose facile!

Voici, au contraire, dans un pays voisin du nôtre, un simple particulier qui veut élever une salle d'asile : il est libre de toute entrave administrative, son œuvre est entièrement due à son initiative privée et il laisse son architecte réaliser les conceptions qu'il a raisonnées.

Cet architecte trace d'abord sa salle, il lui donne la surface nécessaire, puis il entoure cette salle d'un large portique destiné à servir de préau. Sous ce portique, les enfants joueront et feront, grâce à sa forme bien comprise, de faciles et longues promenades; on ouvrira le côté du soleil, on fermera celui de la pluie; la salle, défendue du froid et de la chaleur, sera protégée par cette enceinte; quant aux services annexes, leur importance est moindre, et leur installation n'est pas une difficulté.

Nous le demandons à nos lecteurs : le résultat ainsi obtenu n'est-il pas bon, ne remplit-il pas les exigences administratives, sans cependant n'en copier ni les types ni les modèles? Serait-il approuvé par l'administration, nous n'osons l'affirmer, car il sort des errements adoptés, des idées préconçues, et nous ne le présentons qu'à titre d'indication.

Remarquons, en terminant, que pour réaliser le programme que s'était tracé l'architecte, il fallait que le portique fût largement ouvert, afin de laisser pénétrer dans la salle tout l'air et toute la lumière possible.

Les matériaux dont il pouvait disposer se prêtaient merveilleusement à ces combinaisons. La pierre de taille provient des environs de Liége, c'est un calcaire très-résistant, noirâtre, se débitant par longues assises et s'employant en delit : les travées du portique sont donc formées de piles étroites, qui se répètent dans la salle et la laissent complétement à jour.

Les briques, dont le but est d'égayer l'aspect de ces façades un peu sombres et dures, sont de petites dimensions, $0^m,05$, $0^m,08$, $0^m,16$; elles sont alternativement rouges et noires.

Les combles sont en zinc, la construction est soignée et faite avec un certain luxe de matériaux.

TITRE III

PRESBYTÈRES

§ 1. RENSEIGNEMENTS GÉNÉRAUX

Le presbytère, ou maison curiale, est le bâtiment que les communes dans lesquelles une cure ou succursale est régulièrement constituée sont tenues de fournir, aux termes du décret du 30 novembre 1809, pour loger le prêtre chargé des fonctions de curé ou de desservant de la paroisse.

Par sa destination, par le but qu'il est appelé à remplir, il est facile de comprendre ce que doit être la demeure du prêtre, d'un homme que les traditions religieuses nous font voir revêtu d'un caractère surhumain, et soumis cependant à toutes les conditions qu'impose la société.

A ce double point de vue, le presbytère doit répondre à des exigences, à des conditions spéciales dont l'énoncé et la discussion viendront à propos, au fur et à mesure que paraîtront les monographies publiées à ce sujet.

Nous rappellerons seulement ici que la demeure du prêtre doit être simple et modeste, ouverte à tous, bien que cependant sa vie soit consacrée à la prière et à l'étude; presque toujours dans les campagnes le presbytère peut être isolé et entouré d'un jardin; c'est là une première disposition dont l'architecte doit tenir compte, et qui lui permet d'isoler la vie privée du prêtre et de rendre plus agréable un intérieur constamment habité.

Les presbytères sont de deux sortes : ceux de simple desservant de village qui suffit à lui seul aux besoins religieux de ses paroissiens; ceux des doyens curés de canton, auxquels, suivant l'importance de la paroisse, il est adjoint un ou plusieurs vicaires logés près d'eux.

Les presbytères protestants ne sont eux que des maisons d'habitation ordinaire pour le pasteur et sa famille.

L'administration centrale a toujours laissé une grande latitude aux communes pour élever leurs presbytères et leur donner la forme et les dispositions qu'elles croyaient préférables; les administrations diocésaines exigent seulement qu'ils soient placés près de l'église, dans une position salubre, loin de tout voisinage désagréable, et qu'ils puissent offrir un logement convenable et suffisant au prêtre et aux personnes de son intérieur; quant aux autres conditions, elles sont laissées à l'initiative des conseils communaux et à l'appréciation de l'architecte chargé des travaux.

Cette situation n'est toutefois pas la même lorsque l'administration centrale vient concourir à la construction d'un presbytère au moyen d'une allocation qu'elle accorde sous le nom de secours.

Dans ce cas, la rédaction des projets et l'exécution des travaux sont soumises à certaines conditions déterminées par plusieurs circulaires ministérielles que nous allons succinctement reproduire.

7

DOCUMENTS OFFICIELS

Décret du 30 septembre 1807. — Le secours destiné à aider à la construction ou l'acquisition d'un presbytère n'est accordé qu'aux communes, la première condition à remplir par une circonscription en faveur de laquelle un secours de l'État est sollicité est donc d'être constituée à titre de cure ou de succursale.

Décret du 30 novembre 1809. — *Art. 92.* — Les communes sont obligées de fournir aux curés un presbytère ou un logement à location, et à leur défaut une indemnité pécuniaire; l'État, s'il le juge convenable, vient au secours des communes pour les constructions, grosses réparations ou acquisitions, mais son secours est une faveur, et cette faveur n'est accordée qu'à titre de subvention.

Une circulaire ministérielle en date du 29 juin 1841 détermine les formalités de l'instruction à laquelle doit être soumise toute demande de secours dont le montant est à prélever sur le chapitre XI du budget des cultes.

Il faut avant toutes choses que le besoin soit constaté, que la dépense à faire soit connue et réglée.

Un homme de l'art devra donc être appelé d'abord à rédiger un projet régulier, faisant ressortir la nécessité des travaux à entreprendre; il faudra qu'il en dresse le devis exact et que le tout soit approuvé conformément aux dispositions de l'art. 45 de la loi du 18 juillet 1837.

Une circulaire ministérielle en date du 7 juillet 1845 rappelle les pièces nécessaires pour l'instruction des demandes de secours et qui comprennent : 1° devis des travaux à entreprendre; 2° délibération du conseil de fabrique; 3° budget de cet établissement; 4° délibération du conseil municipal; 5° budget de la commune; 6° certificat du percepteur indiquant les impositions que supporte la commune; 7° l'avis de l'évêque, du préfet et de l'architecte diocésain.

Une circulaire ministérielle en date du 20 juin 1851 prescrit les mesures nécessaires pour assurer l'exact emploi des secours accordés et éviter qu'ils ne soient détournés de leur destination.

. . . . . A cet effet le préfet devra surveiller particulièrement l'architecte dont les projets auront été soumis à l'administration, surtout lorsque ces projets n'auront été approuvés qu'avec des modifications conditionnelles du concours de l'État. L'administration, il est vrai, ne saurait avoir une action directe contre l'architecte dans le cas où il ne tiendrait pas compte de ces modifications dans l'exécution des travaux, après avoir paru y souscrire par la correction de son projet, parce qu'il n'est engagé réellement qu'envers la commune, qui serait souvent complice de cette infidélité. Mais l'administration serait incontestablement fondée à se défier de cet architecte et à refuser à l'avenir son concours à tous les projets dressés par lui et pour lesquels des subventions seraient demandées.

Du reste, pour aider la vigilance des préfets et la compléter, le ministre maintient l'inspection, par les architectes diocésains, des travaux faits aux édifices paroissiaux avec le concours de l'administration.

Circulaire ministérielle en date du 16 août 1855. — Lorsqu'il s'agit de constructions ou de restaurations importantes, les architectes chargés de la rédaction des projets n'ont pas toujours soin de faire connaître l'état des édifices à remplacer ou à restaurer, soit par des rapports, soit par des dessins, ce qui met le comité dans la nécessité d'ajourner son avis jusqu'à la production de ces documents. Les dossiers devront donc comprendre ces diverses pièces jointes à celles prescrites par les instructions précédentes.

Les fonds de secours ne sont destinés qu'à venir en aide aux petites communes rurales dont les ressources sont généralement presque nulles; ce n'est donc que par exception, et dans des cas très-rares, qu'il est possible d'y faire participer les villes ou les communes de grande importance.

En outre, nous trouvons dans le *Manuel d'administration* de M. Hippolyte Blanc :

Presbytères. — Les presbytères appartiennent aux communes, à moins de titre contraire. Le curé ou le desservant qui en a la jouissance n'est tenu que des simples réparations locatives et des dégradations survenues par sa faute. Il doit être dressé, aux frais de la commune et à la diligence du maire, un état des lieux lors de la prise de possession de chaque curé ou desservant.

§ 2. NOTICES DESCRIPTIVES

PRESBYTÈRE A L'ISLE-ADAM (SEINE-ET-OISE)

(PLANCHES LXII, LXIII, LXIV ET LXV)

Le presbytère de l'Isle-Adam n'est pas l'humble habitation d'un pauvre curé de campagne, c'est l'opulente demeure du curé d'une riche commune; il y a certes là un contraste bien frappant, qu'expliquent toutefois la nature des lieux et les exigences du programme.

La commune de l'Isle-Adam est dans les environs de Paris : ses habitants se composent surtout de riches propriétaires, d'une condition élevée pour la plupart et qui apportent avec eux les habitudes de la fortune.

Le prêtre de la paroisse connaît donc toutes les exigences du luxe et de la vie large et facile, sa demeure doit nécessairement s'en ressentir, aussi la voyons-nous élégante, fastueuse dans son ensemble et dans ses détails.

Le bâtiment est placé au milieu d'un jardin qui entoure l'église paroissiale; il est élevé d'un étage de caves, d'un rez-de-chaussée et d'un premier étage destinés tous deux au logement du curé; enfin d'un étage de combles réservé au logement du vicaire.

L'intérieur de l'habitation est bien disposé et la distribution appropriée au but spécial qu'elle doit remplir; peut-être cependant eût-il été à désirer que, dans les conditions de dépenses qui étaient acceptées, le logement du vicaire eût été desservi par un escalier séparé et distinct de celui réservé au service du curé.

Les architectes se sont inspirés pour la conception de leur œuvre de l'architecture d'une autre époque, et il faut reconnaître qu'ils ont parfaitement réussi à donner à leur presbytère l'apparence d'un petit manoir de la Renaissance; on prétendra sans doute que ce monument est une réminiscence, mais dans tous les cas c'est un heureux souvenir préférable aux pastiches que nous ne voyons que trop souvent.

La façade principale est fort riche; le grand parti qui, encadrant les fenêtres de chaque étage, monte jusqu'aux combles est bien étudié; les détails que nous en donnons expliquent suffisamment cette portion de l'édifice; les autres façades, beaucoup plus simples, se rattachent entre elles et avec la façade principale par leur silhouette mouvementée, leurs proportions et leurs différents plans fortement accusés.

Les murs de cave sont en moellons de roche smillés et jointoyés, le soubassement en pierre de roche; le moellon en élévation est piqué et les joints sont passés au fer; la pierre au-dessus du soubassement est un vergelé, la couverture est en ardoises, un calorifère placé dans les caves chauffe toutes les pièces.

La construction a coûté 40,000 francs, ce qui fait revenir à 200 francs environ le prix du mètre carré de surface couverte.

ÉVALUATION DES TRAVAUX

DÉSIGNATION DES OUVRAGES.		QUANTITÉS.	PRIX DE L'UNITÉ.	DÉPENSES.
Terrasse.	Fouilles et déblais.	250,00	1,00	250,00
Maçonnerie. . . .	Fondations, voûtes des caves.	238,00	9,00	2142,00
	Fosse en meulière.	27,00	20,00	540,00
	Moellons en élévation.	240,00	9,00	2160,00
	Parements piqués.	266,00	5,00	1333,00
	Pierre de taille, taille et sculptures	»	»	10295,50
	Plâtrerie, enduits, jointoiements.	»	»	4400,00
Charpente.	Combles et planchers	30,00	100,00	3000,00
Couvertures. . . .	Ardoises.	253,00	5,00	1265,00
	Zinguerie, plomberie.	»	»	679,00
Menuiserie. . . .	Croisées, portes et fenêtres.	»	»	6092,50
Serrurerie. . . .	Quincaillerie et gros fers.	»	»	1600,00
Peinture.	Vitrerie	»	»	1896,00
Fumisterie. . . .	Calorifères, cheminées.	»	»	2570,00

Total. 38122,00

Honoraires de l'architecte à 5 p. 100. 1906,10

Total général. 40028,10

PRESBYTÈRE A MAGADINO (LAC MAJEUR)

(PLANCHES LXVI, LXVII ET LXVIII)

Le presbytère de Magadino est destiné à l'habitation d'un pasteur de la religion réformée, et à ce titre diffère naturellement du presbytère habité par un prêtre catholique; les besoins auxquels il est appelé à répondre ne sont plus les mêmes, et son caractère, par suite, s'en éloigne essentiellement.

Le point de départ du presbytère protestant c'est qu'au lieu de servir à l'habitation d'un homme isolé, séparé ou du moins retiré du monde, il sert à l'habitation d'un père de famille vivant dans le monde, en ayant toutes les charges et toutes les relations, voulant sans doute tendre au même but que le prêtre catholique, mais suivant en définitive une voie différente.

Ce n'est donc plus comme construction ayant un caractère spécial que nous présentons le presbytère protestant de Magadino, mais comme une construction ayant la demeure et l'habitation d'un simple particulier.

Il est situé au bord du lac Majeur : une de ses façades borde un chemin, l'autre regarde le lac; chacune de ces façades s'approprie parfaitement à sa position : celle sur le chemin, peu percée, empêche le passant de jeter un regard indiscret à l'intérieur; deux bancs hospitaliers invitent au repos le pauvre et le voyageur, et semblent lui annoncer qu'à l'intérieur il pourra trouver aide et secours; n'oublions pas que Magadino est une station de la route du Simplon, et que par là passent une partie des ouvriers et des mendiants qui d'Italie gagnent la France; l'autre façade, au contraire, exposée au soleil, est très-ouverte, grâce à une grande terrasse et à un balcon qui font partie intégrante de la maison et permettent aux habitants de jouir des splendides paysages qu'ils ont sous les yeux.

La distribution intérieure est facile et commode : à l'entrée, un parloir, sur lequel aboutissent toutes les pièces, les cuisines, une chambre de domestique, la salle à manger et un salon de réunion; au premier étage trois chambres à coucher et un cabinet de travail pour le ministre.

Les façades appellent l'attention et nous y revenons pour insister sur certains détails. D'abord sur la façade du chemin nous trouvons des applications de dessins en creux faites sur l'enduit frais; ces applications, dont les dessins fort simples sont formés de combinaisons rectilignes, se rencontrent fréquemment en Italie, en Toscane, surtout où parfois les murs de clôture eux-mêmes en sont couverts; elles forment ici un large bandeau sous les appuis des fenêtres. Au-dessous de ce bandeau est une véritable peinture à fresque faite sur l'enduit en mortier et qui représente des scènes tirées de l'Ancien et du Nouveau Testament; cette peinture est grossière et déjà dégradée par la pluie et l'air extérieur. La façade sur le lac est très-intéressante, et ses deux étages de terrasse et de balcon lui donnent un aspect original; la terrasse inférieure est au niveau des salles du rez-de-chaussée dont elle n'est qu'une dépendance : elle est protégée par le balcon supérieur et arrêtée par une balustrade en dalles de pierres de taille posées de champ. Des degrés descendent au jardin, qui s'étend jusqu'au rivage et entoure la maison. Au premier étage, le balcon est porté sur les solives du plancher qui dépassent le mur de face et dont l'encorbellement est soutenu par un poitrail qu'une console en pierre soulage au milieu de sa portée; ce balcon est couvert par une avance du grand comble, et protégé des vents de la montagne par la saillie donnée aux murs latéraux.

Sur les parements intérieurs des murs s'étendent ces peintures à fresques si fort en usage en Italie; les plafonds et les murs sont enduits en mortier et recouverts d'une décoration plus ou moins riche, mais toujours très-variée et très-vive, et faite avec la préparation que nos peintres en bâtiment appellent peinture à la colle, colorée de divers tons et composée de dessins qui représentent des combinaisons géométriques sur les murs et des personnages ou des allégories diverses sur les plafonds.

Toute la construction est fort simplement exécutée, mais avec trop peu de soins, bien qu'étudiée cependant; la pierre de taille est un calcaire jurassique qui se trouve à l'extrémité du lac Majeur et s'extrait par assises parfois assez longues pour permettre d'en faire des poteaux de lignes télégraphiques.

PRESBYTÈRE A BRIGUEUIL (CHARENTE)

(PLANCHES LXIX, LXX ET LXXI)

Les monuments laissés par les architectures antérieures exercent, cela se comprend, une grande influence sur les époques qui suivent; cette influence heureuse et favorable quand elle est raisonnée, devient déplorable quand elle est acceptée sans contrôle par des esprits superficiels et incomplets qui, satisfaits d'une apparence extérieure, ne voient que la forme et ne cherchent ni à connaître ni à comprendre les motifs qui ont amené à cette forme plutôt qu'à toute autre.

C'est à cette tendance ou à ce laisser-aller, à ce manque de direction de l'esprit que nous sommes redevables de certains monuments, appelés gréco-romains ou gothiques, parce que dans les uns nous voyons des colonnes qui ne portent rien, et dans les autres, des arcs pointus sur de maigres colonnettes.

Quant à l'essence du monument, au principe de sa construction, aux matériaux employés, ces questions-là sont abandonnées, laissées de côté; le fer est traité comme le bois, le plâtre comme la pierre; on montre au public un fronton sur des colonnes accolé à un mur, une voûte en fer hourdée en plâtre; il n'approuve pas toujours, mais alors on lui répond que l'appréciation de ces questions-là n'est pas de son ressort, que ce qu'on appelle les exigences prétendues artistiques doivent primer toutes les autres, mêmes celles du bon sens et de la raison.

En ce qui concerne le presbytère de Brigueuil, nous retrouvons en lui des formes qui nous rappellent les monuments laissés par le moyen-âge; ce fait s'explique par ceci que le village de Brigueuil possède de nombreux et importants vestiges de l'architecture de cette époque, que son église paroissiale d'abord, puis un grand nombre de maisons ensuite, sans parler de ruines considérables qui se voient aux environs, remontent au XIIIe siècle. Les maisons ont encore debout soit un pignon, soit une porte, soit une fenêtre ou un perron dont l'ensemble et les détails méritent d'être connus; c'est de ces exemples que s'est inspiré l'architecte du presbytère, il a fait presque une copie et non une création; il s'est efforcé seulement de rendre son œuvre moderne, appropriée à nos idées, à nos besoins de confort, aux exigences de notre vie, et de lui donner un caractère qui expliquât la destination de l'édifice et la fît comprendre.

En s'occupant davantage des détails, nous voyons la cage de l'escalier, accusée dans une petite construction couverte en appentis qu'éclaire une large fenêtre géminée à parties inégales suivant l'inclinaison des degrés qu'elle indique ainsi à l'extérieur. Le grand vestibule à l'entrée sert de parloir; c'est là que le prêtre reçoit les pauvres, leur distribue les secours et les exhortations dont ils ont besoin; la salle à manger avec un petit office, la cuisine avec une chambre de domestique, complètent le rez-de-chaussée; au premier étage sont les chambres à coucher : deux chambres pour des parents ou des amis, une chambre pour le prêtre avec un grand cabinet de travail; l'escalier principal s'arrête au premier étage, un autre plus raide et moins important monte dans les combles occupés par deux mansardes et un grenier. La paroisse est très-étendue, formée de hameaux assez éloignés les uns des autres; pour s'y transporter, le prêtre a besoin d'un cheval : il a donc fallu compléter le presbytère en y adjoignant un petit bâtiment de dépendances, comprenant une écurie et une remise avec des greniers à fourrages. Ces bâtiments entourent une cour au delà de laquelle s'ouvre un vaste jardin.

Sans être riche, le presbytère de Brigueuil ôte toute idée d'ascétisme et de privation : c'est une très-confortable habitation, simple et modeste en elle-même, mais luxueuse si on la compare à la demeure occupée par certains curés de nos campagnes. Cependant les ressources de la commune ont été ménagées et les dépenses restreintes dans de strictes limites; le mètre carré de surface couverte n'a coûté que 115 francs environ.

ÉVALUATION DES DÉPENSES

NATURE DES OUVRAGES	QUANTITÉS.	PRIX DE L'UNITÉ.	DÉPENSES.
Déblais et fouilles	90,00	0,50	45,00
Maçonnerie de moellons.	234,06	6,50	1521,00
Maçonnerie de pierres de taille.	42,00	40,00	1680,00
Charpentes.	12,66	70,00	885,50
Escaliers et planchéiage.	»	»	770,00
Couverture.	130,00	3,00	390,00
Plomberie et zinguerie.	»	»	435,00
Menuiserie.	»	»	680,00
Serrurerie et gros fers.	»	»	575,00
Peinture, vitrerie et plâtrerie.	»	»	927,00
Dépendances.	»	»	1700,00
Travaux divers.	»	»	465,00
Total			10061,50
A ajouter les honoraires de l'art. 5 pour 100.			503,05
Débourses et frais de voyage.			105,00
Total général			10669,58

PRESBYTÈRE A SAINT-MARTIAL (haute-vienne)

(Planches LXXII et LXXIII)

Le presbytère Saint-Martial appartient à une paroisse récemment créée près de Limoges. L'église et le presbytère s'élèvent sur le plateau d'une colline dans un endroit complétement inhabité, et servant de centre à quelques hameaux disséminés à l'entour.

Sa construction est simple et modeste : c'est la demeure d'un humble prêtre, une retraite consacrée au travail et à la prière. La distribution intérieure est commode; l'architecte a tiré le meilleur parti de l'espace restreint dont il pouvait disposer, en même temps que le parti adopté pour chaque façade leur donnait un cachet d'originalité qui faisait reconnaître, malgré leurs différences, la nature de l'édifice et le but qu'il avait à remplir.

Les dépendances ont pris une certaine importance par rapport au bâtiment principal, mais l'isolement du presbytère faisait de cette condition une nécessité.

L'architecte a su tenir compte, dans la préparation de son travail, de certaines circonstances particulières qui devaient le guider; ainsi une des façades est placée près de la grande route, elle se trouve exposée à des tentatives malveillantes contre lesquelles il fallait la protéger; il a donc été utile de défendre les ouvertures du rez-de-chaussée et de ne les percer qu'à une certaine hauteur. L'autre façade, au contraire, regarde le midi, elle est sur un grand jardin, domine la vallée et la ville de de Limoges; aussi est-elle largement ouverte, d'un aspect plus gai, et un balcon placé au premier étage, devant le cabinet de travail du prêtre, lui permet de jouir du panorama qui se déroule devant ses yeux.

Les matériaux nécessaires aux travaux ont été, en majeure partie, extraits du lieu même de la construction; il ne faut donc pas s'étonner si la pierre de taille a pu être employée avec un luxe relatif dans les parties les plus importantes; sans cette condition exceptionnelle, cet emploi eût donné lieu à une dépense assez élevée; la nature du sol est granitique, la pierre par suite est d'une extraction et d'un transport difficiles, et la taille d'un prix coûteux.

Nous n'entrerons point dans l'examen des détails; si certains d'entre eux sont discutables, ils n'enlèvent pas à l'ensemble général les qualités qui lui sont propres.

Au point de vue de la construction proprement dite, nous avons à signaler :

La suppression des murs de refend : les solives des planchers reposent directement sur les murs de face et ne sont allégés dans leur parcours que par les cloisons longitudinales;

La construction économique des ouvertures faites avec des assises de pierre de taille dont l'arête et le tableau seuls sont proprement taillés; le parement de la face est seulement débruti et l'enduit vient irrégulièrement mordre dessus, laissant plus ou moins de pierre vue;

Enfin les chéneaux ne reposent pas sur une corniche en pierre, mais simplement sur un plateau en châtaignier soutenu par des corbeaux assez espacés, les uns des autres; le bois est protégé par le chéneau et l'aération constante qui se fait tout autour du système rend rares et difficiles les infiltrations dans les murs.

La dépense totale s'est élevée à 10,630 francs, ce qui fait revenir à 100 francs environ le mètre carré de surface couverte.

ÉVALUATION DES TRAVAUX

NATURE DES TRAVAUX.	QUANTITÉS.	PRIX DE L'UNITÉ.	DÉPENSES PAR ARTICLE.
Terrasse. . . . . Fouilles et remblais.	236,00	0,50	118,00
Maçonnerie. . . . . Moellons ordinaires.	260,00	7,25	1885,00
Briques.	13,40	28,00	375,55
Pierre de taille.	27,00	50,00	1350,00
Taille de la pierre, pavage, crépis, pans de bois, plafonds. .	»	»	1245,40
Charpente. . . . . Combles et planchers.	»	»	1115,49
Escaliers.	22,00	6,00	132,00
Couverture. . . . En ardoises.	116,15	4,50	522,98
Plomberie.	»	»	157,00
Menuiserie.	»	»	742,00
Serrurerie.	»	»	468,00
Peinture et vitrerie.	»	»	220,00
Dépendances.	»	»	1227,00
Travaux divers.	»	»	266,05

Total. 10300,00

Honoraires de l'architecte 5 p. 100. 515,00

Dépenses totales. 10815,00

PRESBYTÈRE A PREMIER-FAIT (AUBE)

(PLANCHES LXXIV ET LXXV)

Un presbytère de village n'est jamais un édifice bien important; les exigences des besoins auxquels il doit répondre sont modestes et peu compliquées. D'une autre part, la simplicité que doit offrir son apparence ne lui permet pas de forcer l'attention par la recherche ou la décoration de ses façades. Cependant, malgré ces faibles moyens d'action, l'architecte doit obtenir un résultat satisfaisant et atteindre le but qu'il se propose. Ainsi, dans le presbytère de Premier-Fait, nous voyons une construction conçue très économiquement, exécutée avec soin en utilisant les seuls matériaux du pays, à l'exception de quelques morceaux de pierre de taille; les proportions générales sont heureuses, l'aspect agréable, la distribution commode et facile, et le but désiré se trouve atteint.

La brique forme l'élément principal de la construction, elle est employée pour toute la maçonnerie des murs; afin d'éviter la trop grande monotonie, celle des pilastres, des pieds-droits et des petits corbeaux est d'un ton différent; la pierre de taille dure est réservée pour le socle; le linteau de la fenêtre principale, le rampant du pignon avec la croix qui le surmonte sont seuls en pierre de savonnières; les fondations sont établies sur un béton fait avec de la craie commune et de la chaux hydraulique.

La construction est coûteuse en Champagne; aussi, malgré les procédés les moins onéreux, le prix du mètre carré de surface couverte s'est-il élevé à 140 francs.

ÉVALUATION DES DÉPENSES.

NATURE DES OUVRAGES.	QUANTITÉS.	PRIX.	TOTAL.
Terrasse.	114,74	0,50	57,37
Béton de craie en fondation.	50,32	9,00	452,88
Maçonnerie de pierre de Châtillon-sur-Seine.	1,69	90,00	152,10
— de meulière.	11,39	24,00	273,36
— de pierre de Savonnière.	4,09	85,00	348,50
— de briques avec joints.	77,15	50,00	3857,50
— de craie en élévation.	7,44	12,00	89,28
Carrelage.	29,83	3,00	89,50
Charpente en bois de chêne.	6,56	90,00	590,40
— bois blanc.	3,14	50,00	157,00
Escaliers.	»	»	228,00
Couverture en tuiles.	106,32	2,75	292,37
Zinguerie.	»	»	82,02
Cloisons en briques.	43,34	2,38	103,15
Enduits, crépis.	213,15	0,60	127,89
Plafonds.	95,78	1,75	167,61
Parquets en chêne.	24,85	6,50	161,52
— bois blanc.	85,45	3,00	256,35
Fenêtres, compris ferrement et vitrerie, portes, plinthes, etc.	»	»	781,33
Serrurerie, quincaillerie.	»	»	223,60
Marbrerie et fumisterie.	»	»	160,00
Peinture.	»	»	264,68
Travaux divers.	»	»	529,19

Total.	9346,70
Honoraires de l'architecte, 5 p. 100.	467,33
Total général des dépenses.	9844,03

PRESBYTÈRE A LAMARCHE (CHER)

(PLANCHES LXXVI ET LXXVII)

Le presbytère de Lamarche est une des plus modestes constructions publiées dans ce recueil ; sa simplicité fait du reste son principal mérite. On reconnaît la demeure d'un pauvre curé de village que ses paroissiens n'ont pu parvenir à loger qu'en surmontant de véritables difficultés. Les façades n'offrent aucune décoration, l'espace est suffisant, commodément distribué, l'aspect agréable. Un soubassement très-élevé au-dessus du sol met le logement à l'abri des inondations de la Loire, auxquelles se trouve exposé le territoire de la commune. Les murs sont recouverts d'un enduit ; le soubassement sur lequel cet enduit n'aurait pas résisté est construit en moellons smillés ; la pierre de taille est très-commune et très-bon marché dans tout le pays, aussi n'a-t-elle pas été ménagée.

Maintenant, nous l'ajoutons à regret, le presbytère de Lamarche a été élevé sans le concours d'un architecte, c'est le curé de la paroisse qui a tracé son plan, c'est lui qui a guidé de quelques indications un ouvrier intelligent, et l'œuvre s'est ainsi achevée facilement et sans bruit.

Cette tendance des administrations locales à s'affranchir de l'aide et du concours des architectes se présente souvent ; un fâcheux préjugé fait voir dans l'architecte une cause de dépenses, une obligation de décorer une façade et de céder à de prétendues exigences, artis-

8

tiques. Aussi est-ce bien plus dans l'espoir d'obtenir une réduction sur les mémoires des entrepreneurs qu'avec la conviction que les ressources de son art et de son savoir donneront naissance à une œuvre raisonnée, plus commode, plus économique et plus intelligemment construite qu'on a recours à lui ; c'est à nous tous architectes de réagir contre cette tendance et cette fâcheuse impression, et de prouver que quand, par hasard, un heureux résultat est obtenu sans notre intervention, on en passe sous silence mille dans lesquels notre abstention a les conséquences les plus funestes.

Le prix du mètre carré de surface couverte a été de 56 francs environ. Nous donnons ci-dessous l'évaluation des dépenses, mais il faut ajouter qu'une partie des transports et quelques fournitures ont été faites gratuitement par les habitants.

ÉVALUATION DES TRAVAUX.

Déblais	30,00
Maçonnerie de moellons.	1780,00
— de pierres de taille	772,00
Pavage.	300,00
Charpente.	560,00
Couverture	480,00
Menuiserie et serrurerie.	714,00
Peinture et vitrerie.	310,00
Travaux divers.	654,00
Total	5600,00

TITRE IV

MAISONS DE GARDE

§ 1. RENSEIGNEMENTS GÉNÉRAUX

Un grand nombre de communes possède des bois et des forêts dont les coupes forment la source de leurs revenus; elles ont donc le plus grand intérêt à les défendre contre les maraudeurs ou les malfaiteurs, et à veiller à ce que les animaux ne dévorent pas les jeunes pousses des arbres.

Les gardes qui remplissent ces fonctions, et qu'il ne faut pas confondre avec les gardes champêtres, doivent, afin de rendre leur surveillance aussi active et fréquente que possible, demeurer sur les cantonnements mêmes qu'ils ont à surveiller, combinaison qu'il n'est bien souvent possible de réaliser qu'en leur construisant une demeure pour loger eux et leur famille. Ces habitations s'appellent maisons de garde, elles sont presque toujours isolées au milieu des bois et empruntent à leur position un aspect champêtre d'une simplicité parfois un peu sauvage.

Elles doivent comprendre le logement proprement dit, composé d'une cuisine, d'un cabinet et d'un cellier; au moins une chambre à coucher pour le garde et une pour recevoir l'inspecteur des eaux et forêts en tournée de service, ensuite une écurie pour deux chevaux, un hangar, une écurie à porcs, un four et un petit puits.

Il est important que les constructions ne soient élevées qu'avec des matériaux de choix pris sur place et d'un emploi facile, afin de rendre les réparations peu fréquentes et de permettre aux habitants de les faire eux-mêmes dans la plupart des cas. C'est ainsi qu'une construction toute en bois, murs, combles et couverture, répond parfaitement à ces conditions.

Ces maisons de garde ne sont pas les seules à la charge des communes; on en voit souvent aussi à l'entrée d'un enclos communal, d'une promenade ou d'un édifice exigeant une surveillance spéciale; elles doivent, dans ce cas, naturellement, participer au caractère architectural de la construction qu'elles accompagnent.

Les solutions de ces deux programmes sont très-heureusement réalisées par les maisons de garde publiées dans les monographies suivantes.

§ 2. NOTICES DESCRIPTIVES

MAISON DE GARDE A COUCY (AISNE)

(PLANCHE LXXVIII)

Ce bâtiment renferme au rez-de-chaussée un vestibule voûté donnant entrée dans les deux pièces d'habitation et dans deux tourelles, dont l'une contient un escalier montant au premier étage, et dont l'autre sert de débarras au rez-de-chaussée et de cabinet au-dessus.

Le premier étage se compose d'une seule grande chambre éclairée par deux fenêtres jumelles percées dans la loge par laquelle on arrive soit à l'escalier, soit au cabinet.

La construction de ce petit bâtiment est fort simple, les murs sont construits en pierres débitées par assises ou quartiers qui, selon l'habitude de la localité, sont fournis tout équarris en blocs de 0ᵐ,33 de largeur sur 0ᵐ,33 de hauteur et 0ᵐ,66 de longueur; ainsi donc les murs ont 0ᵐ,33 d'épaisseur et toutes les assises sont réglées à 0ᵐ,33 de hauteur.

La construction se trouve indiquée d'une façon très-accusée par l'appareil; l'assiette de retraite, le dessus des appuis des fenêtres, le dessous des linteaux, les lits supérieurs et inférieurs des bandeaux, etc., correspondent toujours à des lits ou joints horizontaux. (Voir la façade principale et la façade latérale.)

Les deux fenêtres jumelles de l'étage sont surmontées d'un arc de décharge qui soutient le faîtage du comble dont le poids, sans cette précaution, aurait chargé le meneau séparant ces fenêtres; or ce meneau ne sert ici qu'à diviser le système de menuiserie et n'a en épaisseur que la largeur du tableau et celle des châssis.

La charpente du comble, n'ayant à couvrir qu'une portée de 4ᵐ,20, est dépourvue de fermes, les pannes portent d'un mur à l'autre.

Le faîtage est soutenu à ses extrémités par des corbeaux de pierre, précaution nécessaire pour l'extrémité portant dans le mur postérieur, puisqu'elle permettait d'isoler le bois du passage des trois cheminées qui se réunissent au sommet du pignon. Ce corbeau fait partie de l'assise dans laquelle est pris le tuyau situé dans l'axe de la souche.

La coupe faite transversalement au comble fait comprendre ce détail et indique la section du plancher.

Au-dessus du comble, les deux murs de face sont surmontés d'une suite de gradins, couronnés chacun par une assise de recouvrement, taillée en pente et portant un larmier. Le comble est arrêté à sa base par une corniche de pierre portant sur des corbeaux; cette corniche est évidée et sert de chéneau.

MAISON DE GARDE A ZOLLIKOFEN (SUISSE)

(PLANCHE LXXIX)

Les provinces du nord de la France, la Suisse et le Tyrol ont conservé un très-grand nombre de constructions en bois élevées dans les xiiiᵉ, xivᵉ et xvᵉ siècles. Ces constructions fort ingénieuses sont fréquentes encore aujourd'hui et donnent les meilleurs résultats dans les pays où les bois sont d'une exploitation facile, d'un prix peu élevé, et où, au contraire, les autres matériaux de construction sont rares et d'un emploi coûteux.

Dans certaines villes des bords du Rhin, à Constance par exemple, on retrouve des constructions très-importantes, des quartiers entiers élevés en pans de bois par encorbellements successifs qui laissent la voie libre à l'étage inférieur et augmentent ainsi la surface des étages supérieurs; ce mode de construction est économique, nous l'avons dit tout à l'heure; de plus il est sain, car un mur en bois protège mieux l'intérieur d'une habitation que ne le fait un mur en pierre ou brique de même épaisseur. — Il est, dit M. Viollet-le-Duc dans son *Dictionnaire d'architecture*, à la fois durable, solide et léger.

Toutefois ces pans de bois diffèrent essentiellement de ceux qu'on élève de nos jours dans l'intérieur de nos habitations ; les bois qui les composent restent libres et apparents sans être revêtus de la couche d'enduit dont on les recouvre et qui bientôt les échauffe et les pourrit.

La maison de garde de Zollikofen est entièrement en sapin ; l'ossature est formée de potelets de 0^m,18 d'équarrissage ; entre les pièces principales, placées verticalement, sont disposés des madriers horizontaux posés jointivement ; le parement extérieur de ces madriers est complétement recouvert de bardeaux ou petites palettes en bois qui forment également la toiture, et sur lesquels l'eau s'écoule ; l'intérieur, au contraire, est revêtu d'un lambris qui s'étend par terre sous forme de parquet et en l'air pour former le plafond. — Les parements de cette boîte sont donc formés de trois épaisseurs de bois qui défendent de la manière la plus complète les habitants de la maison contre toutes les rigueurs de l'hiver.

Les madriers de l'intérieur ont 0^m,05 d'épaisseur, les lambris de revêtement 0^m,027, les bardeaux ont 0^m,05 de large, 0^m,12 de long et 0^m,012 d'épaisseur ; — l'extrémité de ces bardeaux affleure la saillie des poteaux verticaux. La charpente est composée de chevrons portant ferme, c'est-à-dire que chaque chevron forme arbalétrier. — L'encorbellement de l'étage supérieur est obtenu au moyen de l'avance des poutres du plancher, soutenu à son tour par de petites consoles.

Il reste à ajouter que le terrible inconvénient de constructions de cette nature est la crainte d'incendie qui, une fois déclaré dans une habitation, la dévore entièrement sans en laisser de traces ; bienheureux encore s'il est possible d'éviter que le feu ne gagne les maisons voisines.

MAISON DE GARDE A GRIGNON (SEINE-ET-OISE)

(PLANCHES LXXX ET LXXXI)

Ce petit bâtiment est élevé sur la lisière d'un bois dont le mur d'enceinte longe une grande route, il est complétement isolé et parfaitement clos.

Le logement du garde se compose de trois pièces au rez-de-chaussée et d'une mansarde dans les combles ; un abri formé par la saillie du toit et un cellier adossé au mur en retour complètent l'habitation. Cet ensemble est fort simple, mais la forme qui lui a été donnée, les dispositions générales qui ont été adoptées, montrent les efforts de l'architecte pour atteindre le meilleur résultat possible.

N'ayant à sa disposition qu'une somme très-limitée, construisant dans un pays où le voisinage de Paris augmente le prix des matériaux et de la main-d'œuvre, l'architecte a dû d'abord se préoccuper de ne couvrir que la surface strictement nécessaire, et ensuite de la distribuer d'une façon commode, puis n'employer que les matériaux les moins coûteux et les mettre en œuvre de la façon la plus économique.

La pierre de taille n'a servi qu'à la construction des corbeaux de l'encorbellement de la grande façade sur la route, des appuis des fenêtres et de quelques autres parties où elle était nécessaire ; les linteaux des ouvertures sont en bois, mais allégés de la charge supérieure par des arcs de décharge en briques qui servent à la décoration ; les murs sont entièrement en moellons laissés apparents avec les joints lissés à la truelle, — les angles seuls et les arêtes sont enduits en plâtre blanc. La dépense totale s'est élevée à 5,113 fr. 71 c., ce qui fait revenir le mètre carré de surface couverte à 100 francs.

ÉVALUATION DES TRAVAUX.

Terrasse.	19,88
Maçonnerie.	2141,41
Charpente.	953,82
Couverture.	528,64
Menuiserie.	746,55
Peinture.	234,90
Fumisterie	45,00
Serrurerie.	197,00
Total.	4870,20
Honoraires de l'architecte, 5 p. 100.	243,51
Total général des dépenses.	5113,71

MAISON DE GARDE AU MONTBORON (ALPES-MARITIMES)

(PLANCHE LXXXII)

Nous avons déjà donné des types de maisons de garde élevées pour défendre des bois, des pâturages, ou des ruines; nous donnons aujourd'hui la maison d'un garde destiné à surveiller l'entrée d'une avenue commune à plusieurs propriétaires; cette construction est due à l'initiative privée, mais elle répond parfaitement aux exigences d'une construction de même nature élevée dans un but public et général, et c'est à ce titre qu'elle rentre dans le cadre que nous nous sommes tracé.

Nous avons, dans notre planche, indiqué, avec la maison du garde, la grille qui sert de porte d'entrée, afin de rendre plus sensibles les dispositions générales de l'ensemble; le bâtiment est, du reste, en lui-même d'une simplicité qui rend presque superflue toute explication : le logement est disposé au premier étage, le rez-de-chaussée sert de salle d'entrée pour les visiteurs et d'attente pour le concierge chargé de donner les indications nécessaires. Sa construction est faite en maçonnerie de moellons du pays enduits en mortier et en briques laissées apparentes, les pilastres des grilles sont également en briques alternées par assises égales avec de la pierre d'Arles.

Sa grille ouvrante est accompagnée de deux parties fixes séparées par les pilastres et qui donnent plus d'importance et de grandeur à l'entrée. Cette grille est en fer forgé, les montants sont en fer carré et ont 0,05; les traverses horizontales et verticales sont en fer méplat et ont 0,03; les barres de remplissage sont en fer rond de 0,022 de diamètre.

ÉVALUATION DES TRAVAUX.

NATURE DES TRAVAUX.

Fouilles et déblais.	150,00
Maçonnerie de moellons.	940,00
— de pierres de taille.	160,00
— de briques.	420,00
Enduit et plafonds.	480,00
Carrelages.	160,00
Charpente et couverture.	1150,00
Menuiserie et serrurerie.	323,00
Peinture et vitrerie.	165,00
Grille en fer forgé, compris pilastres.	1170,00
Travaux divers.	342,00
Total.	5430,00
Honoraires de l'architecte.	260,00
Total général.	5490,00

TITRE V

CASERNES

---

§ 1. RENSEIGNEMENTS GÉNÉRAUX

D'après l'organisation militaire et administrative de la France, chaque chef-lieu de canton reçoit, suivant son importance, une ou plusieurs brigades de gendarmerie; les brigades sont logées dans des casernes construites et installées aux frais des départements; ce ne sont donc point, à proprement parler, des constructions communales, puisqu'elles ne sont pas élevées par les communes, et cependant les services qu'elles rendent doivent les faire considérer comme faisant partie de ces dernières.

Ce sont les seules constructions de ce genre, avec les postes de douane, dont nous aurons à nous occuper ici.

Les casernes, comme nous les comprenons aujourd'hui, sont de création tout à fait moderne, et le sujet, réduit aux proportions que nous venons d'indiquer, ne nous paraît pas comporter de bien longs développements; il suffira au lecteur de connaître ce que doit être une caserne de gendarmerie de chef-lieu de canton pour qu'elle réponde à l'esprit de la loi qui l'a créée et aux règlements administratifs qui servent de programme à la rédaction des projets.

Ce sont ces documents que nous donnons plus loin; les programmes les plus complets que nous ayons rencontrés ont été préparés dans les départements des Alpes-Maritimes et du Bas-Rhin; ils résument les conditions qui se reproduisent, du reste, toujours les mêmes partout ailleurs.

Extrait du décret du 18 février 1863

NATURE ET COMPOSITION DU LOGEMENT DES BRIGADES DE GENDARMERIE A PIED OU A CHEVAL
A PARIS ET DANS LES DÉPARTEMENTS

358. Le casernement est fourni à l'instar des troupes de ligne au régiment et à la portion de l'escadron de gendarmerie de la garde impériale en résidence à Paris, ainsi qu'à la compagnie des gendarmes vétérans.

Le casernement de la garde de Paris est à la charge de cette ville.

Le casernement des brigades de gendarmerie et des détachements des postes provisoires est fourni par l'administration départementale.

Le logement des officiers est également fourni, autant que possible, par les départements suivant que leurs ressources le permettent.

359. Le logement est dû aux sous-officiers, brigadiers et gendarmes dans toutes les positions qui leur donnent droit à une solde de présence.

361. La composition du logement des militaires de tout grade de la gendarmerie est déterminée suivant leur grade et suivant les besoins du service.

Les brigades sont casernées dans des bâtiments situés, autant que possible, sur les routes les plus fréquentées et à proximité des maisons d'arrêt et de détention. Pour assurer le secret des opérations de l'arme, ces bâtiments doivent être sans communications avec les habitations voisines.

Les casernes doivent être distribuées de façon à ce que le commandant de la brigade ait deux chambres, dont une à feu, et un cabinet, et chacun des gendarmes au moins une chambre à feu et un cabinet.

Dans toutes les casernes une pièce est réservée pour servir de chambre de sûreté. — Cette pièce doit être munie d'un lit de camp, d'une planche à pain et autres ustensiles.

Chaque caserne doit offrir les moyens nécessaires pour assurer de l'eau aux hommes et aux chevaux.

Outre le local destiné aux gendarmes, la caserne d'une brigade à cheval doit contenir une écurie pour sept ou huit chevaux, disposée autant que possible selon les prescriptions réglementaires, un emplacement convenable pour la sellerie, et des greniers et magasins suffisants pour contenir les approvisionnements d'une année ainsi que les moyens nécessaires pour abreuver les chevaux.

Dans les chefs-lieux de compagnie et d'arrondissement, les écuries doivent contenir l'emplacement nécessaire pour les chevaux d'officier.

Il est affecté en outre, dans les casernes du chef-lieu de la compagnie, une pièce formant magasin pour le dépôt des objets d'armement, des munitions de guerre et des effets d'habillement, d'équipement et de harnachement.

Il est aussi établi, dans chaque caserne de chef-lieu de compagnie et d'arrondissement, un local spécial servant de salle de police.

362. . . . . . Aucune brigade ne peut être changée de caserne avant que le ministre de la guerre ait statué sur tout ce qui tient à la convenance des bâtiments et à leur distribution intérieure, sous le double rapport du bien du service et de la salubrité des locaux, et n'ait approuvé les baux passés avec les préfets des départements.

363. Les réparations locatives sont laissées, suivant l'art. 1755 du Code civil, à la charge du bailleur, sauf celles qui se trouvent déterminées à l'art. 1754 du même Code et qui doivent être exécutées par l'architecte du département sur les fonds votés annuellement par le Conseil général pour les entretiens courants.

Le blanchiment des casernes a lieu par les soins du département, au moins tous les trois ans.

Les seules réparations à la charge des sous-officiers, brigadiers et gendarmes sont celles qui résultent des dommages et dégâts provenant de leur fait. A cet effet, un état de lieux est remis à chacun d'eux lors de la prise de possession des logements.

Le commandant de la gendarmerie doit veiller à ce que les dégradations de cette dernière catégorie soient réparées en temps utile aux frais des sous-officiers, brigadiers et gendarmes, pour la portion du local que chacun d'eux aura occupée, et aux frais de tous pour les parties qui sont en commun.

DÉPARTEMENT DES ALPES-MARITIMES, CASERNES DE GENDARMERIE, PROGRAMME DEVANT SERVIR A LA RÉDACTION DES PROJETS.

La caserne de gendarmerie devra comprendre les bâtiments, cours et dépendances nécessaires pour un établissement de cette nature. Les bâtiments contenant chaque service seront séparés et indépendants les uns des autres; leur accès et leur disposition seront différents.

La garnison destinée à loger dans la caserne comprend, suivant les circonstances, une ou plusieurs brigades à cheval et à pied; chaque brigade contient cinq hommes, dont un sous-officier.

Les officiers sont, pour le chef-lieu, au nombre de trois : le chef d'escadron, un capitaine et un lieutenant. Aux chevaux réglementaires de la troupe il faut ajouter ceux des officiers, et en outre réserver quelques places pour les chevaux supplémentaires.

Bureaux. — Les bureaux nécessaires pour l'administration du chef-lieu sont : 1° un bureau pour le chef d'escadron, un autre pour son secrétaire, une antichambre où se tiendra le planton de service; 2° une pièce pour le capitaine et deux pour le trésorier avec des magasins d'habillement.

Logement des officiers. — Le logement des officiers sera aussi éloigné que possible de celui des soldats, indépendant, isolé et accompagné de jardin, si l'espace le permet.

L'appartement du chef d'escadron comprendra un vestibule, une cuisine, une salle à manger, un salon, deux chambres à coucher de maître, une chambre d'enfants, une chambre d'ami, deux chambres de domestiques dans les combles et une vaste cave. Les appartements du capitaine et du lieutenant auront les mêmes dispositions, celui du dernier sera moins important cependant.

Logement des gendarmes. — Chaque gendarme aura deux pièces indépendantes l'une de l'autre, s'ouvrant sur un carré dont il aura seul l'accès. De ces deux pièces, l'une sera assez vaste et servira de chambre à coucher, l'autre, plus petite, servira de cuisine et aura seule une cheminée.

Les sous-officiers auront une pièce de plus. Ils seront répartis à chaque étage. L'adjudant aura son logement près de la porte d'entrée pour faciliter sa surveillance. Sous le rez-de-chaussée seront creusées des caves dont l'une sera à la disposition de chaque homme.

Des lieux d'aisances bien aérés et bien disposés seront installés à chaque étage.

Les *Écuries* seront construites pour contenir dix-huit chevaux de troupe et cinq à six chevaux d'officiers ; chaque cheval devra avoir $1^m,40$ sur $3^m,50$ libre dans sa stalle.

Les écuries comprendront en outre des selleries, chambres d'avoine, une remise, et isolés, par derrière ou de côté, les trous à fumier ; au-dessus se trouveront les greniers à fourrage.

Dépendances. — Outre les parties principales précédemment indiquées, la caserne comprendra un abreuvoir, deux bornes-fontaines, une buanderie, une salle de bain pour les officiers et une pour les soldats.

Observations générales. — Tous ces bâtiments seront d'un accès facile, bien aérés, commodément distribués et répondant bien à toutes les exigences des services auxquels ils sont destinés.

DÉPARTEMENT DU BAS-RHIN, PROGRAMME POUR LA CONSTRUCTION DE NOUVELLES CASERNES DE GENDARMERIE.

Le bâtiment doit offrir autant de logements qu'il y a d'hommes dans la brigade. Chacun se composera au moins de deux pièces, d'un cabinet et d'une cuisine ; celui du maréchal des logis doit avoir une pièce de plus pour y établir son bureau ; chaque pièce aura $4^m,50$ environ sur chaque face et sera munie d'un poêle ; celui de la cuisine sera en fonte et aura la forme dite potagère.

La hauteur des chambres sera, au minimum, de $2^m,60$; l'une d'elles sera munie d'un râtelier d'armes placé à demeure et fixé solidement ; chaque cuisine aura une pierre d'évier, un foyer avec deux réchauds ; elle peut avoir une dimension moindre que celle des autres pièces. Le bureau du maréchal des logis doit avoir des rayons pour y placer les registres et pièces de comptabilité ; toutes les fenêtres doivent être garnies de persiennes ; les chambres seront tapissées, mode qui est préférable à la peinture.

Il sera affecté à chaque logement un grenier et une cave, fermant à claire-voie, et ayant une porte avec serrure.

On établira un bûcher, divisé en compartiments à claire-voie, fermant à clef.

Un jardin, partagé en lots, sera affecté à la brigade.

Une buanderie munie d'une chaudière, ainsi qu'un four à cuire le pain, fermant à clef.

Une chambre de sûreté, avec lit de camp, une planche et une fenêtre grillée.

L'écurie aura $4^m,00$ de hauteur, $6^m,30$ de largeur et $13^m,30$ de longueur ; elle sera divisée en huit stalles rangées sur une seule ligne, de $1^m,66$ chacune de largeur et longue de $3^m,30$. La séparation ou clôture de chaque stalle aura $1^m,66$ de hauteur à la tête et $1^m,20$ à la queue ; elles seront établies en fortes planches de chêne. Derrière chaque stalle on placera des crochets pour la suspension des brides d'abreuvoir, musettes, etc.

9

Les mangeoires seront en bois de chêne, ou en pierre dure ou en fonte; leur arête supérieure doit être à 1^m,10 de hauteur au-dessus du sol, elles doivent avoir 20 centimètres de profondeur, 30 centimètres de largeur en haut et 24 au fond; elles seront séparées par cheval, et éloignées de 15 centimètres du mur.

Leurs bords doivent être arrondis en haut comme en bas; une tringle en fer, ronde, sera fixée au sommet de la mangeoire et scellée en bas dans un massif en maçonnerie; elle sera munie d'une chaîne en fer de 65 centimètres, y compris l'anneau destiné à glisser le long de la tringle; elle aura à son autre extrémité un T destiné à recevoir l'anneau du licol.

Les râteliers seront en bois, ou mieux en fonte, en forme de hottes ou corbeilles; le pied des fuseaux à 0^m,50 au-dessus du plan supérieur des mangeoires. Séparés l'un de l'autre de 8 à 10 centimètres à peu près, ils peuvent être mobiles, c'est-à-dire tournant sur eux-mêmes quand le cheval attire le fourrage à lui. A une extrémité de l'écurie se trouvera le coffre à avoine, divisé en deux compartiments dont l'un plus petit que l'autre; il sera en chêne et se fermera à clef ou au moyen d'un fort cadenas.

L'écurie doit être pavée en pierres dures ou en ciment, d'une manière unie et régulière; la pente du sol aura 3 centimètres. L'écurie sera plafonnée. Elle sera éclairée par quatre fenêtres au moins, et plus si c'est possible, se mouvant par bascule, de bas en haut, au moyen de cordes et de poulies.

La fosse à fumier sera placée près de l'écurie, le plus au nord possible, loin des logements et de la porte d'entrée. La sellerie sera placée à portée de l'écurie, mais sans communication avec elle; elle doit être claire, bien aérée, munie de chevalets fixés dans le mur pour y placer les selles, et de pareil nombre de crochets ou pitons pour y suspendre les brides; deux chevalets mobiles destinés à servir au nettoyage des harnachements y seront placés. Le magasin à fourrage devra être établi de manière à contenir au moins six cents bottes de foin et autant de paille; il doit être suffisamment éclairé. Le magasin à avoine doit être plafonné, le sol carrelé, les ouvertures garnies d'un treillage en fil de laiton dont les mailles ne permettront pas aux oiseaux de passer.

La pompe aura une auge en pierre aux angles arrondis pour servir d'abreuvoir. La cour sera assez spacieuse pour que les hommes et les chevaux puissent y évoluer facilement, et y être exercés; des anneaux en fer seront fixés dans un mur pour y attacher les chevaux, lorsque le pansage pourra se faire en plein air. Des latrines divisées en trois compartiments, dont l'un fermant à clef, destiné au maréchal des logis, seront établies dans le lieu qui paraîtra le plus convenable.

La façade extérieure du bâtiment doit porter en gros caractères les mots : *Gendarmerie impériale*. Un drapeau sera fixé à l'endroit le plus apparent du bâtiment du côté de la rue.

§ 2. NOTICES DESCRIPTIVES

CASERNE DE GENDARMERIE A PIED A STAUFFEN (ALLEMAGNE)

(PLANCHES LXXXIII, LXXXIV ET LXXXV)

Les briques sont des tablettes en terre séchée, puis cuite; elles étaient connues dès la plus haute antiquité, et, dans les pays où ils ne trouvaient pas de pierre, les Romains les employaient comme parements en les alternant avec de petits moellons; au moyen âge la brique fut employée seule et non plus concurremment avec d'autres matériaux; à la Renaissance, au contraire, l'emploi combiné de la pierre et de la brique obtint une immense faveur qui s'est conservée de nos jours.

Les services que peut rendre la brique dans nos constructions sont très-variés et très-importants; soit seule, soit isolée, elle offre une ressource précieuse dont un constructeur intelligent doit savoir tirer parti. Dans les contrées où la pierre manque, circonstance qui se présente souvent, dans le Nord par exemple, les constructions en briques ont pris un très-grand développement; elles se prêtent facilement, grâce à leur petite dimension, à leur forme régulière, à une foule de combinaisons originales et ingénieuses.

La maçonnerie de briques ne diffère en rien de la maçonnerie ordinaire de pierres; toutefois il faut avoir soin de donner aux lits en mortier formant joints une épaisseur assez considérable, parce que la brique, étant très-sèche et très-poreuse, absorbe rapidement, au moment de la pose, toute l'humidité du mortier qui, par suite, ne fait plus corps et s'en va promptement en poussière.

Les dimensions des briques diffèrent beaucoup suivant les pays et les moyens de fabrication, leur couleur est aussi très-variée, on en voit de rouges, de jaunes, de brunes; c'est la combinaison de ces tons qui donne lieu à ces arrangements bizarres qu'on aperçoit sur les parements des murs, indiqués au moyen de lozanges et de dessins en compartiments de toute couleur.

Grâce aux effets, aux contrastes qui s'obtiennent facilement avec la brique, son emploi est très-répandu, et il est nécessaire à un architecte de connaître tout le parti qu'il peut en tirer.

La gendarmerie de Stauffen est un intéressant exemple des constructions de cette espèce. Elle est élevée au moyen de deux espèces de briques, l'une de qualité inférieure, qui doit être recouverte d'enduit pour pouvoir résister aux influences atmosphériques, l'autre au contraire qui peut rester apparente. Les angles, les rampants des pignons, l'avant-corps de la façade principale, les encadrements des ouvertures et les bandeaux sont construits en briques de cette dernière espèce, les remplissages, au contraire, sont recouverts d'enduit.

La pierre de taille n'est employée qu'en quelques rares endroits, où elle contribue à éviter la monotonie et égaye un peu l'aspect général : elle sert de retombée aux lignes diagonales en briques qui n'auraient pu recevoir des coupes aussi aiguës que celles nécessaires. Toute la décoration est uniquement formée par l'appareil des briques, qui toujours satisfait les raisons de la construction.

La corniche de couronnement, combinée d'une façon fort ingénieuse, surmonte les murs et supporte le chéneau soutenu extérieurement, en même temps qu'elle présente un très-intelligent motif de décoration; le détail que nous donnons fait comprendre la disposition particulière des briques, placées à angle droit et supportées par un encorbellement dont la première assise est en pierre.

Le premier bandeau est formé de deux rangs de briques en saillie supportés par deux autres rangs placés en retraite. Le second bandeau comprend également deux assises de briques, mais supportées par deux autres briques formant corbeau et coupant régulièrement les joints supérieurs.

Le dernier bandeau est semblable au précédent, seulement les briques inférieures présentent alternativement l'angle qui pénètre celui de la brique placée au-dessus.

La disposition adoptée pour les fenêtres de l'avant-corps est conçue suivant le même principe que celui adopté pour la corniche. Les rampants des pignons sont établis par gradins successifs recouverts d'une dalle en pierre; à la base, c'est-à-dire au niveau de la corniche, se trouvent deux assises de pierre en encorbellement qui empêchent le glissement que pourrait produire la pente du toit et servent d'arrêt au chéneau. Enfin le motif central de la façade, porté en saillie sur le mur de face, produit un effet original qui donne une silhouette particulière à tout l'ensemble.

La garnison que reçoit la caserne de Stauffen rappelle complétement, par son organisation et son but, notre gendarmerie française. Nous lui avons donc conservé le nom qui, chez nous, répondait à ses fonctions; mais nous avons fait subir à l'installation intérieure quelques modifications qui, sans altérer son caractère, la mettaient à même de répondre complétement aux exigences de nos habitudes et de nos règlements.

CASERNE DE GENDARMERIE A CHEVAL A HAGUENAU (BAS-RHIN)

(Planches LXXXVI, LXXXVII et LXXXVIII)

En rapprochant à la fois l'introduction qui précède et les planches de la gendarmerie de Haguenau, le lecteur reconnaîtra bien vite que celles-ci sont l'expression complète et la satisfaction entière du programme imposé. Toutes les conditions exigées sont scrupuleusement remplies, et, comme installation intérieure, cette caserne a été, de la part de l'administration de la guerre, l'objet d'éloges mérités.

L'examen des planches fera comprendre la distribution des logements composés chacun des pièces réglementaires. Nous remarquerons de nouveau le mode de chauffage que nous avons déjà eu l'occasion de voir à propos de l'hôtel de ville de Mantzeim; les cheminées sont remplacées par des *fourneaux* immenses, poêles en faïence atteignant presque la hauteur des planchers et pouvant, par suite de l'emplacement qu'ils occupent, chauffer chacun trois pièces. Une installation imposée à l'architecte, mais qu'il faut regretter, est celle des privés qui, reportés dans une cour, se trouvent trop éloignés des habitants. Les moyens dont le constructeur dispose aujourd'hui permettent de placer dans l'intérieur de nos logis, même quand il s'agit de casernes, des privés propres et aérés.

Le granit rouge des Vosges est l'unique pierre employée. Cette pierre, d'une taille facile, se débite en morceaux de toutes dimensions et est d'un usage constant dans les départements de l'Est; par malheur sa mise en œuvre n'a pas toujours lieu d'une façon logique et rationnelle. C'est ainsi qu'on voit fréquemment des plates-bandes cintrées pour simuler un arc, et des pieds-droits avec des joints indiquant des hauteurs d'assises imaginaires, erreurs que ne présente pas la gendarmerie de Haguenau, et on peut sur les dessins de nos planches suivre l'appareil sensé et raisonnable de toutes les parties construites en pierre.

ÉVALUATION DES DÉPENSES.

Bâtiment principal.

	QUANTITÉ.	PRIX.	DÉPENSES.
Déblais et remblais.	600^{mc},00	0,50	300,00
Béton pour fondations.	50^{mc},00	10,00	500,00
Maçonnerie de moellons et mortier hydraulique pour fondations.	175,00	11,00	1925,00
Maçonnerie de moellons et mortier hydraulique en élévation.	350^{mc},00	12,00	4200,00
Maçonnerie de briques pour voûtes.	50^{mc},00	33,00	1650,00
Maçonnerie de briques pour cloisons.	70^{mc},00	30,00	2100,00
Maçonnerie de moellons piqués.	25^{mc},00	35,00	875,00
Maçonnerie pierre de taille, y compris taille et pose.	73^{mc},00	80,00	5840,00
Couverture en ardoises.	322^{mc},00	6,00	1932,00
Charpente en chêne.	1^{mc},00	120,00	120,00
Charpente en sapin.	50^{mc},00	60,00	3000,00
Dallage en pierre de taille.	98^{mc},00	6,00	588,00
Planchers sur lambourdes.	117,00	4,00	468,00
Planchers ordinaires.	315,00	2,50	787,50
Menuiserie.			4800,00
Serrurerie.			2700,00
Peinture, vitrerie, etc.			2400,00
Fumisterie et divers.			3429,41
A reporter.		37614,92	37614,92

Écuries.

			Report. 37614,92
Déblais et remblais..................	64ᵐᵉ,00	0,50	32,00
Béton pour fondations	17ᵐᵉ,00	10,00	170,40
Maçonnerie en moellons et mortier hydraulique pour fondations.................	42ᵐᵉ,18	11,00	463,98
Maçonnerie pour fondations en élévation.........	133ᵐᵉ,18	12,00	1597,30
Maçonnerie de moellons piqués............	26ᵐᵉ,14	35,00	914,90
Maçonnerie de pierres de taille coupées, taille et pose...	2ᵐᵉ,59	80,00	207,20
Couverture en ardoises...............	232ᵐᵉ,20	6,00	1393,20
Charpente en sapin................	19ᵐᵉ,00	60,00	1140,00
Menuiserie...........			⎫
Serrurerie............			⎬ 4474,10
Peinture, vitrerie, divers.........			⎭
			10393,58 10393,58
Cabinets d'aisances...............			610,52
Clôtures...............			1066,64
Séparations des jardins, porte cochère............			1387,95
Pompe...............			500,00
Pavage, rigoles, nivellement............			1000,00
			52573,84
Honoraires de l'architecte, à 5 p. 100......			2628,69
Total de la dépense...........			55202,50

CASERNE DE DOUANIERS, LAC DE CONSTANCE (BAVIÈRE)

(PLANCHES LXXXIX, XL ET XLI)

L'union douanière du Zollwerein comprend sous le même régime l'administration des douanes de tous les États allemands; elle forme donc un immense réseau dont les divisions intérieures sont libres, mais dont les extrémités exigent au contraire une surveillance constante et régulière afin de les protéger contre les pays voisins.

Les douaniers ne peuvent pas seulement être placés dans les villes, leur protection serait trop incomplète; il a été nécessaire de disposer de distance en distance des postes de douaniers reliés entre eux et formant ainsi une ligne continue. C'est un de ces postes que représentent nos planches; il abrite une petite garnison défendant contre les contrebandiers suisses la côte de Bavière, près Lindau.

Le programme d'un édifice de cette nature n'est pas très-compliqué, mais il exige une étude toute particulière afin de trouver les dispositions les plus économiques et en même temps les plus commodes pour rendre l'habitation d'une caserne agréable à des gens dont la vie se passe dans un isolement un peu en dehors des conditions habituelles.

La caserne de Lindau est placée dans un repli de terrain qui l'abrite des vents du nord; elle fait face au lac et regarde latéralement deux routes qui se croisent et passent la frontière.

Au rez-de-chaussée, sont d'abord le hangar qui abrite le canot de la douane, la remise et la salle de visite des voyageurs et des voitures, puis le poste des hommes, le bureau du sous-officier, le dépôt des marchandises saisies et celui des couches remises à chaque douanier dont le tour est venu de passer là nuit dans une hutte sur la plage. Les étages sont divisés en trois logements chacun.

Sur les façades, l'attention se trouve appelée par une curieuse application de briques qui ne forment pas un placage comme on pourrait le penser au premier abord, mais bien une véritable maçonnerie, un travail fait avec le gros œuvre et monté en même temps que lui. Ces briques ont environ 0,12 × 0,12 de côté, leur queue dans le mur est plus ou moins profonde et suffisante pour parfaitement se lier avec les moellons. Les joints qui les séparent sont très-serrés, mais c'est là, croyons-nous, une erreur; les joints épais seraient évidemment préférables. Cette combinaison forme un parement très-net, solide, bien supérieur à un enduit et plus économique que le moellon piqué ou la pierre de taille. Il rappelle du reste, jusqu'à un certain point, les anciens parements des constructions romaines.

Le système de chauffage est le même que celui de la caserne de Haguenau, et, pour finir ce rapide examen, nous ferons remarquer qu'outre la menuiserie ordinaire des fenêtres, ces ouvertures sont encore défendues par des châssis vitrés, mobiles, placés sur l'arête du tableau.

TITRE VI

LAVOIRS

---

§ 1. RENSEIGNEMENTS GÉNÉRAUX

Le lavoir le plus simple est une pierre placée au bord d'une nappe d'eau. Cette construction un peu primitive est encore et sera toujours sans doute très en faveur à cause de sa simplicité même. Ces pierres isolées ont été rapprochées les unes des autres, puis les eaux conservées dans un bassin. Cet ensemble forme le lavoir tel qu'on le retrouve dans la plupart de nos communes rurales. Mais les laveuses étaient exposées à la pluie, au soleil, au froid; il a donc fallu abriter l'emplacement qui leur était destiné. Mais les eaux gelaient en hiver, tarissaient en été; alors on a recouvert le bassin et amené les eaux par des conduites souterraines. Enfin la construction des lavoirs répondant à un besoin, à une nécessité première, l'industrie est bien vite venue les perfectionner et les améliorer avec le secours de l'étude et de l'expérience. C'est ainsi que nous avons vu s'élever dans tous nos grands centres manufacturiers, dans toutes les villes de quelque importance, des lavoirs, il y a peu de temps encore inconnus, où se trouvent réunis tous les moyens dont l'emploi peut être avantageux et profitable sous le rapport de l'économie de temps et d'argent et de la facilité du travail.

Dans les lavoirs de cette nature, le linge apporté sale se trouve lessivé, rincé, blanchi, séché, cylindré ou repassé et livré peu après à la consommation; ces différentes opérations se font dans un espace souvent assez restreint. La classe ouvrière surtout a trouvé de grands avantages à l'emploi de ces améliorations; mais si elles sont d'un usage facile, économique pour une nombreuse population, elles deviendraient impraticables dans une petite commune, à cause des dépenses de première installation et d'entretien qu'elles occasionneraient et de l'usage relativement rare qui en serait fait.

Il fallait donc, pour donner pleine satisfaction à cette importante branche de l'économie et de la santé publique, conserver où ils existaient et créer là où ils étaient nécessaires des lavoirs plus simples, moins coûteux, n'exigeant ni surveillance ni entretien onéreux, ouverts à tous, et qui, s'ils ne donnaient des résultats aussi favorables que les précédents, répondraient toutefois pleinement à ce qu'on était en droit d'attendre et d'exiger.

Les lavoirs à eau chaude sont en général construits par l'initiative de l'industrie privée. Le nombre de places, de cuves à laver, à rincer ou à essorer est donc limité seulement par le plus ou moins d'importance que le propriétaire veut donner à son établissement, dont l'entrée est assujettie à une rétribution. La place nécessaire à chaque ouvrière lavant debout est, en général, de 1ᵐ,00. A ses côtés se placent le petit établi qui supporte le linge, les outils et le cuvier alimenté d'eau chaude et d'eau froide et pourvu d'un robinet de vidange. Puis, comme le travail se fait souvent le soir, il existe aussi un appareil d'éclairage. Une machine à vapeur distribue l'eau dans toutes les parties du bâtiment. Le linge se sèche dans des séchoirs à air libre ou à air chaud, et parfois un établissement de bains est annexé au lavoir. Les eaux sales sont entraînées dans les égouts, et, sous le rapport de la propreté, de la facile et prompte exécution du travail, la construction de ces lavoirs a été un véritable bienfait pour la classe ouvrière.

Les lavoirs à eau froide et courante sont de dispositions très-variées ; tantôt ce sont des constructions d'une extrême simplicité, ou bien au contraire des établissements d'une certaine importance, et parfois aussi des bateaux flottant sur un cours d'eau. Ils appartiennent, en général, aux communes, et se trouvent alors régis par des règlements administratifs que nous allons reproduire.

1° Ils doivent être assez vastes pour pouvoir être occupés par un nombre de laveuses égal à 6°/₀ du chiffre des habitants.

2° Le volume d'eau nécessaire doit être au moins de 5 litres par minute et par habitant.

3° La laveuse, lavant à genoux ou debout, doit occuper un espace de 0^m,90 ou 1^m,00.

4° Le bassin d'un lavoir occupant deux rangs de laveuses placés parallèlement doit avoir 2^m,00 de largeur au moins.

5° Enfin la profondeur de l'eau ne doit pas être moindre de 0^m,50.

Le plus souvent les lavoirs ruraux sont très-peu compliqués ; l'eau entre par une extrémité et sort par l'autre au-dessus d'un petit empellement destiné à retenir et à élever l'eau du bassin ; le courant s'effectue dans le sens de la longueur. L'eau sale produite par une laveuse passe donc devant chacune de celles placées au-dessous, et l'eau propre n'existe en réalité que près du robinet de conduite. Il en résulte ainsi que l'eau de savon, ayant une densité plus forte que l'eau pure, descend au fond du bassin et ne s'écoule jamais par le déversoir de l'extrémité ; la surface seule se renouvelle. De temps à autre, il est vrai, on lève l'empellement et on opère la vidange du bassin, dont on nettoie le fond. Mais cette opération exige un certain temps, d'abord pour le nettoyage, ensuite pour remplir de nouveau le réservoir ; aussi se fait-elle rarement et l'eau de lavage n'est-elle pas souvent suffisamment claire.

Différents moyens ont été essayés jusqu'à ce jour pour remédier à cet état de choses. Un des plus ingénieux a été employé par M. Demoget, ingénieur civil, dans la construction du lavoir de Neuville-sur-Orne, que nous publions et que nous décrivons à cette occasion.

L'exposé succinct que nous venons de faire ici suffit pour expliquer ce qu'est un lavoir et les conditions générales à adopter pour leur construction. Nous examinerons plus en détail ce qui se rapporte à chacun d'eux, au fur et à mesure que nous les présenterons au lecteur.

---

§ 2. NOTICES DESCRIPTIVES

LAVOIR A NEUVILLE-SUR-ORNE (MEUSE)

(PLANCHES XCII, XCIII ET XCIV)

Le lavoir de Neuville-sur-Orne est couvert et à eau courante, mais son installation est telle et le système employé est si heureusement combiné, que les inconvénients dont nous avons déjà parlé ont tous adroitement été évités.

Le bâtiment qui le renferme se compose d'une grande salle au milieu de laquelle se trouve le bassin de rinçage ; à l'entrée, deux essoreuses pour sécher le linge ; au fond, une cheminée et deux cuves pour la lessive.

A droite et à gauche, deux constructions en ailes contiennent chacune un bassin de lavage pouvant occuper ensemble 60 laveuses environ.

Les façades sont percées de nombreuses ouvertures, placées à une grande hauteur du sol et dont la décoration est d'une sobriété bien à sa place.

La charpente des combles est apparente ; elle donne ainsi à l'intérieur une hauteur fort utile et très-profitable à la salubrité.

Le moyen employé par l'architecte pour avoir des eaux de lavage toujours claires et propres, et au sujet duquel il a bien voulu nous donner les renseignements nécessaires, est fort ingénieux et en même temps d'une application facile et peu coûteuse, comme on peut en juger par l'examen du décompte des dépenses.

Voici comment a été installé ce système :

Les eaux ont été prises à 1700^m,00 du village sur le versant d'une colline qui a été drainée, et recueillies en deux points placés à 14^m,03 au-dessus du sol du lavoir. La conduite a été établie en tuyaux de terre cuite d'Ollwiller (Haut-Rhin) ; ils sont vernissés à l'intérieur et s'assemblent au moyen de manchons également en terre cuite. Bien que cette conduite, établie en 1856, résiste à une forte charge, aucun accident sérieux n'a encore été signalé. Elle traverse le canal, un chemin de fer, deux routes et une rivière dans de petits aqueducs en maçonnerie ; partout ailleurs elle est posée à 0^m,90 sous le sol.

Arrivée près du lavoir, l'eau monte dans une colonne verticale élevée contre la cheminée et qui porte à son sommet une boîte en fonte divisée en trois compartiments par des cloisons. La répartition de l'eau dans chaque compartiment se fait naturellement au moyen d'échancrures rectangulaires, calculées suivant les débits, en sorte qu'il n'y a pas de robinets et que la division de l'eau se fait seule malgré ses variations. L'eau est reprise dans une colonne de tuyaux en fonte qui l'amène dans un bassin de rinçage circulaire placé au milieu du lavoir. Elle s'élance en gerbe et retombe dans ce bassin, autour duquel les femmes rincent debout le linge qu'elles viennent de laver à genoux dans les réservoirs.

Ce bassin a au fond un clapet de vidange. Autour de la vasque centrale, quatre tuyaux de fonte prennent l'eau à la surface et l'amènent sous les tables en pierre des bassins à laver, au moyen de tuyaux en fonte percés de trous également espacés. L'eau propre vient donc sortir sous chaque laveuse en un filet clair qui se renouvelle continuellement. L'axe des bassins à laver porte des tuyaux verticaux percés de trous par lesquels l'eau s'écoule dans des aqueducs de vidange. Il en résulte que l'eau sale est toujours poussée en avant vers le centre ; à l'extrémité de chaque bassin se trouve un clapet se manœuvrant par une vis qui sert à en vider le fond et même à écouler l'eau trop sale au fond, en le soulevant légèrement.

Ainsi, on le voit, l'eau n'arrive plus que quand elle est nécessaire, la boîte de distribution ne la transmet que par quantités régulières, le lavage s'opère toujours dans l'eau propre, les eaux sales sont rapidement entraînées, et la vidange des bassins se fait sans difficultés.

La construction a été très-soignée et a donné lieu à une dépense totale de 44,103 fr. 70 c., ce qui fait revenir le mètre carré de surface couverte à environ 55 fr. 66 c., chiffre bien modeste, sans contredit, quand on le compare au résultat obtenu.

Il va sans dire que le travail de la conduite des eaux n'est pas compris dans cette évaluation, dont nous donnons un tableau détaillé à la page ci-après.

ÉVALUATION DES TRAVAUX.

Art. 1er. — Bâtiment du lavoir.

	QUANTITÉ.	PRIX.	DÉPENSES.	
Fouilles....................	100,53	0,50	50,26	
Béton......................	64,68	10,00	646,80	
Maçonnerie de moellons en fondation.	46,44	7,50	348,30	
Maçonnerie de pierre de taille de Savonnières.	104,68	35,00	3663,80	
Cheminée, son tuyau, consoles, bancs en pierre.....	»	»	354,00	
Charpente en sapin.................	19,08	65,00	1248,00	
Couverture en ardoises.	337,84	5,00	1689,20	
Ferblanterie, zinguerie et plomberie.........	»	»	543,84	
Menuiserie, ferrements des portes et croisées......	»	»	675,98	
Ferrement de la charpente, tirants, boulons et vis.....	»	»	679,15	
Peinture à l'huile..................	»	»	166,00	
Vitrerie......................	»	»	144,30	
Montant du lavoir			10079,63	10079,63

Art. 2. — Bassin, pavage et aqueducs.

	QUANTITÉ.	PRIX.	DÉPENSES.	
Béton......................	54,94	10,00	549,40	
Quatre aqueducs du bassin de rinçage au bassin de lavage..	»	»	28,50	
Murs des bassins, pierre et briques...........	39,08	35,00	1367,80	
Table en pierre, pour le lavage, y compris taille.	3,59	60,00	239,50	
Bassin de rinçage	»	»	486,05	
Cordes en cuivre, tuyaux de fonte.............	»	»	377,43	
Aqueducs divers de vidange...............	»	»	426,40	
Colonne du château d'eau de distribution, boîte de division, porte de service.	»	»	379,61	
Deux clapets de fond à vis.	»	»	180,00	
Montant total des bassins.	»	»	4025,69	4025,69
				14104,32
Honoraires de l'architecte, à 5 p. 100.............				705,18
Total........				14809,50

LAVOIR COUVERT A DARNÉTAL (SEINE-INFÉRIEURE).

●

(PLANCHE XCV)

    Dans la plupart des lavoirs ruraux, les laveuses, pour se livrer à leur travail, s'agenouillent sur les bords du bassin. Cette position est pénible pour elles et il est bien préférable qu'elles puissent, en restant debout, conserver la liberté de leurs mouvements ; mais pour que ce résultat soit possible, il faut que le sol des abords soit baissé de 0m,60 environ ou que le bassin soit élevé de cette même hauteur, disposition qui oblige à exhausser d'une façon considérable le niveau de la nappe d'eau. Ces deux entreprises sont toutes deux coûteuses, et par suite souvent impraticables.
    Le lavoir de Darnétal indique une disposition locale qui remédie à cet inconvénient d'une façon simple et peu compliquée. A la place destinée à chaque laveuse se trouve creusé un trou dont

les terres sont maintenues au moyen d'une caisse circulaire en bois; ce trou est assez large et assez profond pour que la laveuse puisse s'y mouvoir facilement et arriver à la hauteur du niveau de l'eau dans le bassin.

Cette combinaison remédie à l'inconvénient que nous avons signalé, mais elle ne peut être avantageusement employée que dans les lavoirs couverts; dans ceux laissés à l'air libre, l'eau publique remplirait trop souvent la caisse d'où il serait difficile de l'enlever et où par suite elle entretiendrait une humidité nuisible.

Les autres dispositions du lavoir de Darnetal se voient suffisamment dans les planches, sans qu'il soit nécessaire d'y revenir ici. L'eau du bassin a peu de profondeur, mais son courant très-rapide entraîne les eaux de savon, laissant claires et limpides celles du lavage. La construction est économiquement conçue et cependant tous les services nécessaires sont suffisamment installés; mais il ne faut pas oublier qu'il s'agit ici d'un lavoir de campagne, ne devant répondre à aucune des exigences imposées à celui de la monographie qui précède.

LAVOIR PUBLIC A CHEILLY (côte-d'or)

(Planche XCVI)

Le lavoir de Cheilly appartient à la catégorie des lavoirs découverts et à eau courante dont nous avons déjà parlé; il en offre donc tous les inconvénients, atténués pourtant par la disposition adoptée dans l'établissement de son bassin. Ainsi, l'eau n'arrive pas à une de ses extrémités, mais est distribuée en avant de la place de chaque laveuse par un orifice ménagé sous la saillie de la pierre à laver; elle arrive donc propre et claire au moment de son emploi. Les eaux de savon descendent au fond creusé en forme de cuvette et disparaissent par un trou de vidange. Ce système, en théorie, vaut mieux qu'en pratique; car il arrive que le cours de l'eau propre se ralentit; alors le trou de vidange restant ouvert, le bassin se vide. Il faut alors fermer l'orifice du fond et attendre que le bassin se remplisse de nouveau. Ensuite, les tuyaux d'arrivée des eaux peuvent s'engorger au moins en partie, et l'eau conservée n'est plus suffisamment propre. Enfin, en principe, le système est vicieux, puisqu'il fonctionne également, qu'on se serve ou non du lavoir. Mais comme quelques précautions faciles à prendre peuvent faire éviter les inconvénients que nous signalons, que la population d'une commune ne fait jamais un continuel usage de son lavoir, ce système donne, surtout à cause de son application facile, de bons résultats relatifs et peut être employé avec succès, en tenant compte de certaines conditions particulières, spéciales au milieu où il sera utilisé et dont il sera sage de tenir compte.

La construction en elle-même est bien comprise et bien appropriée à sa destination, la forme en est élégante et la disposition intérieure commode. Un petit porche voûté en berceau à l'entrée, puis un long couloir abrité par un léger comble entoure le bassin; des bancs sont disposés le long de ce couloir et placés sous des arcs pris dans l'épaisseur des murs; un trottoir longe le réservoir, exhausse les laveuses et les met à l'abri de l'humidité, pendant que l'eau dégouttant du linge s'écoule dans un petit ruisseau.

Les matériaux sont la pierre de taille du pays pour les angles des murs, le rebord du réservoir et le couronnement des murs. Ces murs sont en moellons recouverts d'enduit, la charpente apparente en sapin, la couverture en ardoise, le pavage en dalles (dites cadettes), le réservoir en maçonnerie hydraulique et les parements enduits en ciment.

Ce petit établissement s'est malhéureusement trouvé sur le tracé d'un chemin de fer et est ou va être démoli.

LAVOIR OUVERT A CREPIÈRES (SEINE-ET-OISE)

(Planche XCVII)

Nous avons voulu faire connaître les différents genres de lavoirs, lavoir à eau chaude, lavoir clos, lavoir avec séchoir; nous les passons successivement en revue; les lavoirs ouverts que nous examinons maintenant offrent le précieux avantage d'être fort économiques, mais cet avantage est largement compensé par les inconvénients que présente la facilité de l'accès qui, laissé libre à toute espèce de public, rend la bonne tenue et la propreté du lavoir impossibles à obtenir; aussi n'est-ce qu'afin de réunir un ensemble de tous les types que nous publions un lavoir établi dans ces conditions.

Toutefois si, comme principe, nous acceptons difficilement les lavoirs comme celui de Cre-pières, établi sur une voie publique, sans clôture, sans séparation, cependant nous devons ajouter que ce dernier offre dans ses détails certaines dispositions utiles à connaître.

C'est d'abord la création de deux bassins, l'un de lavage, l'autre de rinçage; et, bien que les eaux de rinçage s'écoulent dans les eaux de lavage, le service du lavoir n'étant qu'intermittent, les eaux restent toujours assez pures pour être employées sans inconvénient; de plus, l'écoulement du trop-plein se fait par les parties supérieures du bassin, suivant un orifice qui en occupe toute la lar-geur, de sorte que le courant entraîne facilement les eaux de savon restées à la surface; quant aux couches inférieures, elles ne sont changées que lors du nettoyage du bassin, trop profond, malheu-reusement, pour que le courant agisse sur toute la hauteur de la nappe.

Une disposition que nous retrouvons et dont nous avons déjà signalé les inconvénients est le peu de hauteur du bassin au-dessus du sol environnant, qui force ainsi les laveuses à travailler à genoux dans une position incommode, fatigante, et les jambes dans une humidité presque constante.

BATEAU A LAVER PRÈS GRAY (HAUTE-SAONE)

(Planche XCVIII)

Les bateaux à laver sont très-communs sur tous nos fleuves et rivières, ils rendent de grands services, d'abord à cause de la simplicité et du bas prix de leur construction, ensuite par l'avantage que présente leur position au milieu d'une nappe d'eau abondante et toujours mobile. Dans de telles conditions, le lavage est plus prompt, plus complet que dans les lavoirs sur terre ferme.

Dans les villes, ces bateaux à laver sont clos de toutes parts par des châssis vitrés, le séchoir est chauffé par la vapeur; pendant l'hiver, l'eau de la rivière montée dans le réservoir est également chauffée.

Mais ces bateaux à laver ne sont plus, à proprement parler, que des lavoirs aussi rapprochés que possible de la source qui les alimente.

Dans les communes rurales, les bateaux à laver se composent d'un bateau à fond plat (appelé plate); la proue, très-allongée, est tournée contre le fil de l'eau qu'elle coupe; des attaches rigides le fixent à ses deux extrémités et à son milieu, afin d'éviter que le courant ne le jette contre le rivage ou ne l'entraîne au loin.

Le fond du bateau, rendu à peu près étanche au moyen d'un double fond, sert de salle aux laveuses, qui, après le lavage, montent étendre leur linge sur le pont, converti en séchoir au moyen de tringles métalliques et de traverses en bois. Un filet placé en arrière arrête le linge qui, échappé des mains des ouvrières, serait emporté par le courant. Enfin de fortes traverses en fer ou en bois verticales et horizontales, placées le long du bateau, le défendent et le protègent contre les chocs auxquels il est exposé.

L'établissement d'un bateau à laver est soumis à certaines perceptions administratives, qui, suivant l'importance des cours d'eau et les conditions de la navigation, l'emplacement qu'ils peuvent occuper, sont déterminées par l'administration des ponts et chaussées, en suite d'une autorisation préfectorale.

BAINS ET LAVOIRS A LAUSANNE (suisse)

(Planche XCIX)

Les maisons de bains publics avec lavoirs sont encore très-peu répandues en France, tandis que dans plusieurs pays voisins, la Suisse et l'Angleterre, par exemple, on les rencontre dans tous les bourgs ou villages de quelque importance.

La création d'établissements de cette nature est éminemment moralisatrice à tous les points de vue; aussi les administrations locales les propagent-elles de tout leur pouvoir. L'importance, le comfort même donnés à leurs dispositions varient considérablement suivant la nature du public qu'ils sont destinés à recevoir, mais toujours le bas prix du droit d'entrée, qui doit les mettre à la portée du plus grand nombre, les range dans la catégorie des constructions à bon marché.

La maison de bains et lavoir de Lausanne est élevée dans ces conditions, au centre d'un quartier habité par la classe ouvrière.

Nous ne parlerons pas de sa construction qui n'offre aucun intérêt, non plus que de l'aspect de ses façades sur lesquelles il n'y a pas lieu de s'arrêter, nous nous occuperons seulement de ses dispositions intérieures.

Un vestibule placé à l'entrée sert de salle d'attente aux baigneurs, de bureau pour le payement de la rétribution et la distribution des numéros donnant droit à une place au lavoir; derrière ce vestibule se trouvent les fourneaux, les machines à vapeur pour monter l'eau nécessaire, la chauffer et desservir le séchoir, à gauche sont les cabinets de bains, séparés par un couloir à l'extrémité duquel se trouvent les privés; à droite est le lavoir, offrant une disposition particulière.

Chaque bassin est alimenté par deux robinets, l'un d'eau chaude, l'autre d'eau froide; un autre robinet, placé au fond, vide rapidement ces bassins, dès que la chose est nécessaire.

Les laveuses sont debout, savonnent et lavent leur linge dans le même baquet dont l'eau se renouvelle à leur gré; à portée de chacune est une tablette pour déposer le battoir et le savon, un bec de gaz pour le travail de nuit et un baquet pour recevoir le linge lessivé, ou une hotte pour le linge propre, monté ensuite au premier étage où il est séché dans un séchoir à vapeur, puis cylindré et repassé. En outre, dans le lavoir sont des essoreuses, de grands et de petits baquets pour quelques lavages spéciaux.

Ces diverses dispositions sont indiquées sur le plan donné par notre planche XCIX, et on voit qu'elles présentent, pour leur application ou leur usage, une coûteuse installation dont les communes populeuses seules peuvent supporter les frais.

Les lavoirs ainsi disposés se rencontrent dans toutes les grandes villes, ils y rendent d'incontestables services et s'y sont rapidement développés; mais une commune rurale demande quelque chose de plus simple, d'une création plus facile, et exigeant surtout moins d'entretien, tels que ceux que nous avons précédemment publiés, par exemple. Aussi n'insistons-nous pas davantage sur les lavoirs à bassins distincts, que nous avons seulement voulu indiquer, et renvoyons-nous ceux de nos lecteurs qui auraient à s'occuper d'établissements de cette nature à l'ouvrage intéressant et très-complet publié à ce sujet par MM. Bouillon et Muller.

TITRE VII

HALLES ET MARCHÉS

---

§ 1. RENSEIGNEMENTS GÉNÉRAUX

Les marchés avaient une très-grande importance dès la plus haute antiquité. Les villes grecques et romaines ont conservé le souvenir et la trace de ces réunions, qui se tenaient à jour fixe sur des places publiques désignées à cet effet, et dont la décoration empruntait parfois un très-grand luxe. Cette importance, donnée alors aux marchés et lieux de réunion, se retrouve dans les bazars de l'Orient et s'explique par le rôle qu'ils devaient remplir, puisqu'ils formaient l'intermédiaire presque unique et obligé de tout le mouvement commercial à cette époque.

Nos usages ont aujourd'hui modifié ces conditions; les halles que nous élevons pour établir nos marchés ont un but spécial, bien caractérisé, répondent à un besoin déterminé, et nous ne demandons pas à un marché d'être autre chose qu'un abri sûr, commode, d'une fréquentation et d'un usage facile pour les transactions des vendeurs avec leurs chalands.

Dans les villes d'une certaine importance, les halles diffèrent des marchés et forment en général un abri couvert, où se vendent des productions d'une nature déterminée; dans les marchés, au contraire, les marchands, distribués d'une manière uniforme dans une installation spéciale et permanente, débitent ordinairement des objets de consommation de toute espèce.

Les communes rurales n'ont pour répondre à ce double but qu'un seul édifice, servant tout à la fois de halle et de marché, condition suffisante, maintenant surtout que le commerce des grains, le plus important de ceux de la campagne, se fait sur le simple vu d'échantillons, et non sur celui des marchandises en vente. Quant aux fourrages, aux denrées alimentaires et autres produits des champs, ils sont vendus par les propriétaires ou les marchands réunis sous le même toit, mais séparés par groupe et installés chacun à son gré suivant ses besoins et l'importance de ses affaires.

La halle doit être simplement un abri couvert d'une surface suffisante, dans lequel les voitures circulent chargées et attelées afin d'éviter les frais de chargement et de déchargement, et où les marchands entrent en relation avec le public. Ajoutons que pour un marché la propreté est une condition rigoureuse; il est donc indispensable de disposer près des abords une fontaine fournissant une eau suffisante à de fréquents lavages et d'établir le sol de façon à ce qu'il soit promptement lavé et séché.

On voit que, pour répondre aux exigences de ce programme, il faut concevoir l'édifice destiné à être halle ou marché, suivant les données les plus simples et les plus économiques, utiliser les matériaux du pays, chacun suivant le rôle qui lui convient, et nous avons à cet effet publié des halles élevées dans des pays différents, avec du bois, du fer, de la pierre seule ou combinée, suivant ce que la nature et l'industrie locale mettaient aux mains du constructeur.

§ 2. NOTICES DESCRIPTIVES

HALLE A HOUBLONS A HAGUENAU (BAS-RHIN)

(PLANCHES C, CI, CII ET CIII)

Les halles à houblons diffèrent. des halles aux grains en ce qu'elles ne sont pas seulement, comme ces dernières, destinées à faciliter les transactions d'affaires entre le commerce et l'agriculture, et à offrir un abri aux productions qui doivent être vendues à certains jours; mais elles servent également de magasins où viennent, à l'époque des récoltes, s'accumuler les produits qui ne sont ensuite qu'au fur et à mesure des besoins livrés à la consommation. Pour satisfaire à cette double condition, il est donc nécessaire que les halles à houblons offrent une grande surface qui, au premier abord, peut paraître exagérée; de plus il faut ajouter que le houblon est une matière bien plus encombrante et exigeant plus de place que les grains.

Haguenau est un important chef-lieu de canton du département du Bas-Rh n; sa population est industrielle et agricole, et le houblon est le plus important produit de l'agriculture locale. On conçoit dès lors l'importance qui devait être donnée à l'édifice destiné à favoriser le développement des intérêts matériels de la majeure partie de la population.

Ces détails préliminaires étaient utiles d'abord pour bien prouver ce qu'est la halle à houblons, ensuite pour montrer qu'en publiant un édifice de cette importance, nous restons dans le cadre que nous nous sommes tracé, puisque cette importance n'est pas due au milieu dans lequel s'élève l'édifice, mais bien à des conditions qui lui sont propres.

La halle à houblons de Haguenau occupe le centre d'une vaste place sur laquelle se tiennent les marchés hebdomadaires de la ville; elle est isolée de toutes parts et de larges voies d'accès assurent une circulation facile et prompte.

En outre de la halle proprement dite, l'édifice contient deux pavillons placés à l'entrée principale; l'un, celui de gauche, est destiné au service du syndicat qui a construit la halle et qui, société privée, la régit sous le contrôle de l'administration centrale; l'autre, celui de droite, renferme les services télégraphiques et le logement du chef de station.

La construction est en pierre et en fer; la pierre provient des carrières du pays; c'est un grès rouge dont le ton n'est pas désagréable, mais qui, avec le temps, perd ses arêtes et les formes accusées que la taille donne à ses parements. Les piles et les pieds-droits, les voussures, corniches et couronnements des pignons sont seuls en pierre de taille; tous les remplissages des murs sont en moellons recouverts d'un enduit moucheté appelé dans le pays *enduit tyrolien.*

Les fermes de la halle sont en fer forgé et reposent sur des colonnes creuses en fonte servant de descente des eaux. Les combles sont distincts pour les trois nefs de la halle, divisés en neuf travées; un chéneau intermédiaire les sépare et entraîne les eaux au droit de chaque colonne, par l'intérieur desquelles elles s'écoulent; le sol est pavé en dalles reposant sur une épaisse couche de béton, pour que les plus lourdes charges puissent aisément y circuler.

L'intérieur de la halle est très-clair, très-aéré au moyen de nombreuses et grandes fenêtres dont la menuiserie est remplacée par des traverses et barrettes en fer; les façades extérieures diffèrent toutes entre elles. Cette différence s'explique et se justifie pour la façade principale, flanquée de deux pavillons, mais elle se comprend moins pour les façades latérales et la façade postérieure, la plus heureuse, sans contredit.

Aussi en résulte-t-il un manque d'homogénéité d'autant plus regrettable que l'œuvre, dans son ensemble, est sérieuse et étudiée.

Nous devons signaler ici un système de construction vicieux et très en honneur cependant dans toutes les contrées où s'exploitent les grès vosgiens. Ces grès se trouvent dans les carrières, par assises ayant souvent plusieurs mètres de long. Le carrier coupe la dimension qui lui est nécessaire et fait des pieds-droits, des piles monolithes.

Drns ces conditions déjà, ce système, s'il est expéditif, n'est pas heureux, puisque les pierres ainsi placées n'offrent aucun lien avec les maçonneries intermédiaires.

Mais il est un autre cas où ce même système devient tout à fait mauvais, c'est quand il s'agit d'établir des arcs, car alors, appliquant aux parties circulaires le même procédé qu'aux parties droites, le constructeur se contente de donner à son morceau de pierre une forme concave à l'intérieur, convexe à l'extérieur, et, simulant les voussoirs, place ainsi un claveau qui souvent a deux mètres de portée.

L'arc obtenu par ce procédé est complétement dépourvu d'élasticité, ou plutôt n'est plus un arc, et, s'il en a la forme, il n'en remplit pas les fonctions.

Aussi le plus petit tassement amène-t-il des ruptures dont les conséquences peuvent être fort graves et sont faciles à prévoir.

Ajoutons toutefois, pour en revenir à la halle de Hagueneau, que l'architecte a reconnu les graves inconvénients qui pouvaient résulter de cette manière de faire.

Il y a remédié, au moins en partie, en établissant au-dessus des arcs en pierre simulés, de vrais arcs de décharge en briques qui soulagent réellement le linteau, mais le réduisent à un rôle purement décoratif.

La dépense totale s'est élevée à la somme de 162,275f,00; ce qui fait revenir à environ 90f,00 le mètre carré de surface couverte.

ÉVALUATION DES TRAVAUX.

Terrasse, maçonnerie de toute espèce, taille, sculptures et plâtrerie.	54000,00
Charpente.	7000,00
Couverture en ardoises.	44000,00
Menuiserie.	3000,00
Vitrerie.	2500,00
Peinture et papiers.	5000,00
Plomberie, zinguerie.	2500,00
Fers et fonte.	55000,00
Pavage, dallage et bitume.	10500,00
Mobilier, horloge, éclairage au gaz.	4500,00
Total.	155000,00
Honoraires de l'architecte, à 5 p. 100.	7275,00
Total général.	162275,00

HALLE AUX GRAINS A LAUNAC (HAUTE-GARONNE)

(PLANCHES CIV, CV ET CVI)

Les exigences et les détails des programmes auxquels doit se soumettre l'architecte varient à l'infini suivant les conditions de temps, de lieu et de personnes; c'est à lui de choisir dans le bagage des ressources mises à sa dispositions par ses études et son savoir (ressources aussi nombreuses que les difficultés qu'il a à résoudre) celle qui est la bonne, qu'il peut employer dans telle ou telle circonstance et qui doit répondre à tout le bien qu'on attend d'elle à propos de la solution cherchée.

La difficulté est donc dans l'heureux choix des moyens, dans le travail qui doit faire préférer tel moyen à tel autre. Il est évident, d'abord, qu'une même combinaison ne peut être indifféremment employée en toutes circonstances; très-bonne ici, elle devient déplorable là-bas; impossible en cet endroit, elle est au contraire facile et excellente dans cet autre.

C'est ainsi, par exemple, que les charpentes à la Philibert Delorme, très-ingénieuses et très-utiles en elles-mêmes dans maintes circonstances, ont été employées d'une façon déplorable en ces derniers temps pour aider à l'établissement des voûtes d'église, rôle qu'elles ne peuvent remplir d'une façon durable et avantageuse sans certaines conditions difficilement acceptées, et dont la première est de laisser les bois apparents et exposés à l'air.

Les populations ont une tendance très-prononcée à n'élever pour leur culte que des églises voûtées, mais leurs moyens d'action sont limités et la dépense d'une église voûtée est considérable; or les charpentes en bois donnaient aux constructions l'apparence d'une voûte, elles ne poussaient pas les maçonneries, et par suite n'obligeaient ni à excédants d'épaisseur ni à contre-forts; puis, supprimant les tirants, elles permettaient de profiter à l'intérieur de toute la hauteur du comble.

Malheureusement les voûtes ainsi établies ne donnent qu'une demi-satisfaction; on veut leur donner l'apparence de la pierre; on renferme alors le bois dans des enduits en plâtres, où ils ne tardent pas à s'échauffer et à pourrir. Puis les eaux des combles tombent sur l'extrados du lattis des voûtes et les dégradent promptement; de là des réparations constantes, coûteuses, et une dépense qui atteint bien vite celle d'une voûte en maçonnerie, sans donner les mêmes résultats.

Au contraire, les charpentes à la Philibert Delorme deviennent un excellent système de construction quand elles sont employées pour couvrir un vaste espace libre dans lequel la destination donnée à l'édifice permet une simplicité de forme qui s'allie avec une construction dont toute la décoration est de rester apparente.

Ces conditions se trouvent remplies toutes les fois qu'il s'agit de combles, de hangars, halles, magasins, marchés, etc., etc.; et c'est surtout alors que ce système rend de réels services.

La halle de Launac vient à l'appui de ce que nous avançons.

L'architecte avait à couvrir une vaste surface; il ne voulait pas recourir à des points d'appui intermédiaires qui eussent gêné la circulation; de grands arcs en maçonnerie supportant la charpente eussent coûté trop cher, un plancher faisait perdre la hauteur des combles; il a donc eu recours aux arcs à la Philibert Delorme qui se sont trouvés là fort bien à leur place et employés dans les fonctions qu'ils devaient avoir.

Disons d'abord qu'on désigne improprement sous le nom de charpente à la Philibert Delorme un mode de construction avec l'emploi de fermes courbes, qui en réalité n'a jamais été inventé par le célèbre architecte, mais qu'il a heureusement employé et fait connaître et qui comprend trois systèmes différents :

Le premier système, celui que Philibert Delorme appliqua au château de la Muette, et dont la halle au blé de Paris possédait un fort beau spécimen avant l'incendie de 1802 [1], emploie des cintres formés de planches posées de champ.

Dans le second système, perfectionnement du premier, dû au colonel Émy, les planches des cintres sont au contraire à plat.

Enfin, dans le troisième système, qui, à proprement parler, n'est qu'une combinaison d'assemblages de charpentes, on se sert de pièces de bois courbes.

C'est le second de ces systèmes, celui qui offre le plus d'avantages, eu égard aux moyens dont nous pouvons disposer aujourd'hui, qui a été employé par l'architecte pour la halle aux grains de Launac.

Les planches formant les arcs sont posées à plat; un cintre se trouve ainsi composé de plusieurs planches superposées conservant chacune leur flexibilité, isolées pour ainsi dire, mais cependant rendues solidaires au moyen des étriers et des boulons qui les relient.

Les planches ont une assez grande longueur, 5 à 6 mètres, et les joints de deux planches superposées se découpent toujours d'au moins 1 mètre, en outre ils sont tous autant que possible recouverts par une moise.

Cette double précaution est très-importante; elle permet d'obtenir un arc d'une seule pièce, et non pas une série de voussoirs qui agiraient alors comme un arc en maçonnerie et pousseraient les murs.

Chaque cintre est composé de six madriers de sapin, ayant 0^m,06 d'épaisseur et 0^m,15 de largeur; ces cintres sont en outre renforcés dans leur parcours par des traverses qui s'opposent au redressement de l'arc et détruisent l'effort qu'exercerait sa poussée sur les murs.

Les faces latérales des arcs sont reliées aux faces courbes au moyen de moises normales à la courbe; les arcs eux-mêmes sont maintenus par des moises placées à la partie inférieure, et le faîtage et les premières pannes suffisent au contreventement.

Les moises normales sont encastrées dans les faces latérales des arcs qui les reçoivent, de façon à serrer les arcs et à éviter le glissement des planches l'une sur l'autre. Les boulons qui serrent et maintiennent les madriers sont espacés de 0^m,80 environ et ont 0^m,018 de diamètre; en outre, dans l'intervalle de deux moises se trouve un étrier. Les madriers sont donc maintenus et resserrés entre eux au moyen de moises, de boulons et d'étriers.

Sur ces arcs s'appuient les différentes pièces de la charpente des combles, recouverts en tuiles creuses.

Tout le reste de la construction découle ensuite franchement du système adopté. La façade principale, ouverte par un grand arc, fait comprendre la forme intérieure. Entre chaque cintre se trouve percée une arcade.

Au droit du pied des fermes, un petit contre-fort vient consolider les murs, formés de points d'appui peu importants par rapport aux vides.

Les proportions de l'ensemble et des détails sont heureuses. L'excellent résultat obtenu par des moyens aussi simples montre une fois de plus que l'emploi judicieux et logique des ressources que chacun a toujours sous la main, mais qu'il faut savoir discerner et choisir, amène sûrement au but qu'on se propose.

1. Le dôme de la Halle au blé de Paris avait 39^m,00 de diamètre. C'était l'œuvre des architectes Molinos et Legrand. Après l'incendie de 1802, il fut remplacé par la charpente en fer que nous voyons aujourd'hui.

La dépense totale s'élève à la somme de 13,544f,00, ce qui fait revenir à 34f,00 environ le prix du mètre carré de surface couverte.

ÉVALUATION DES TRAVAUX.

		QUANTITÉS.	PRIX.	DÉPENSES.
Déblais et maçonnerie en fondation (avec mortier hydraulique).	mètres cubes.	105,00	10,00	1050,00
Maçonnerie de cailloux et briques poreuses (avec mortier hydraulique). .	—	210,00	19,35	4063,50
Maçonnerie de briques.	—	7,54	24,50	184,00
Maçonnerie de pierre de taille.	»	»	2650,00
Charpente en peuplier et sapin.	—	12,73	80,00	1018,40
Cintres en sapin	mètres courant.	114,00	4,80	547,20
Couverture.	mètres superficiels.	416,00	5,00	2080,00
Ferrements.	kilog.	394,60	1,00	394,60
Zinguerie	»	»	208,50
Travaux divers.	»	»	700,00

Total. 12896,20
Honoraires de l'architecte, à 5 p. 100. 644,81
Total général. 13544,01

HALLE AUX GRAINS A GIVRY (SAONE-ET-LOIRE)

(PLANCHES CVII ET CVIII)

La halle aux grains de Givry est plus importante que celles déjà publiées dans ce recueil, en ce sens qu'elle contient, outre la halle proprement dite, c'est-à-dire un vaste espace couvert destiné aux marché, un magasin placé au-dessus de cette halle. Cette combinaison présentait il y a quelques années encore de grands avantages et facilitait les relations du commerce, qui pouvait ainsi laisser en dépôt les grains non vendus destinés au prochain marché, ou ceux que leurs acquéreurs ne pouvaient enlever de suite; mais aujourd'hui que, comme nous l'avons déjà dit, les transactions sur les grains se font à peu près exclusivement sur le vu d'échantillons très-peu volumineux, un magasin d'entrepôt est presque inutile. Ce n'est donc pas au point de vue de la solution d'un programme d'actualité que nous publions la halle de Givry, mais au point de vue de son aspect général et des dispositions particulières de sa construction.

La halle est élevée sur une place de dimensions restreintes, sur laquelle la circulation est active et que par suite il ne fallait pas entraver; l'architecte a dû choisir pour son plan la disposition qui pouvait le mieux répondre à ces exigences. La forme circulaire n'a donc pas été adoptée par pure fantaisie, mais comme conséquence d'une exigence à satisfaire. Il devait forcément résulter de ce parti une notable augmentation de dépenses, causée par les coupes circulaires de pierres, par l'appareil dans lequel certains évidements ne pouvaient être évités. L'examen des planches fera comprendre que cet inconvénient a, autant que possible, été atténué par l'e   e de dispositions simples et l'emploi judicieux des matériaux.

Les deux points de la construction sur lesquels nous appellerons l'attention de nos lecteurs sont le plancher du magasin et l'escalier qui y donne accès. Ce plancher, devant supporter un poids parfois considérable, a dû être établi dans des conditions exceptionnelles de solidité. Il est formé de quatre poutres en chêne soulagées à leurs extrémités par des corbeaux en pierre; ces poutres se coupent à angles droits et ont 0ᵐ,40 sur 0ᵐ,35 d'équarrissage; elles sont à leur intersection soutenues sur une colonne en pierre placée au centre de la halle, et qui monte jusqu'au comble dont elle supporte la charpente. Les remplissages entre ces poutres sont faits au moyen de solives de 0ᵐ,20 sur 0ᵐ,30 d'équarrissage, recouvertes de planches en sapin de 0ᵐ,027 d'épaisseur. La construction de l'escalier est originale et offre une combinaison ingénieuse; il se développe complétement isolé autour de la colonne d'appui des planchers. Cette colonne est elle-même formée d'assises ayant la hauteur des marches et prises dans la même masse de pierre. Ces masses ne se soutiennent donc que par les encorbellements successifs d'une marche sur l'autre et par la qualité de la pierre employée. Depuis plus de vingt-cinq ans que les travaux sont exécutés, on ne remarque nulle part le moindre mouvement ni la moindre dégradation de quelque importance. Cette construction élevée dans un pays où abonde de la pierre d'excellente qualité coûterait certainement plus aujourd'hui qu'elle n'a coûté autrefois, puisque, malgré les murs de façade tout en pierre, un luxe relatif dans le choix et la mise en œuvre des matériaux, la dépense de la halle de Givry ne s'est élevée qu'à environ 110 francs le mètre carré de surface couverte.

DÉSIGNATION DES TRAVAUX.

		QUANTITÉS.	PRIX.	DÉPENSES.
Nivellement des terres, travaux préparatoires.	mètres cubes.	»	»	139,90
Terrasse.	—	67,54	0,40	27,00
Maçonnerie de moellons en fondation	—	67,54	3,90	263,40
Maçonnerie pierre de taille dure pour socle.	—	13,90	48,48	673,87
— — seuils, marches et bornes.	—	11,40	42,00	478,80
Maçonnerie pierre de taille tendre en élévation.	—	185,92	34,55	6458,08
Taille de parements sur pierre dure.	mètres carrés.	172,86	4,26	736,38
Taille de parements sur pierre tendre	—	892,00	3,78	3371,76
Bois de chêne pour solives et poutres	mètres cubes.	16,72	85,25	1425,38
Planchéiage en planches de sapin.	mètres carrés.	168,00	2,00	336,00
Bois de sapin pour combles.	mètres cubes.	46,27	68,20	3155,61
Gros fers, plomb pour chéneaux, fonte pour descentes	»	»	1158,00
Couverture en tuiles vernies	mètres carrés.	200,00	3,00	600,00
Peinture, vitrerie, menuiserie, treillis en fil de fer.	»	»	706,00
Travaux divers.	»	»	359,82
				19900,00
	Honoraires de l'architecte, à 5 p. 100. . . .			995,00
	Total général.			20895,00

HALLE ET MARCHÉ A VERNON (EURE)

(PLANCHES CIX, CX ET CXI)

L'emploi du fer dans les constructions a reçu en ces derniers temps des applications aussi nombreuses que variées. Dans bien des cas, il remplace la pierre et le bois, et les propriétés qui lui sont propres lui permettent de merveilleusement remplir le rôle qui lui est confié, lorsque ce rôle est bien dans sa nature et dans ses fonctions.

Plus durable que le bois, n'étant pas soumis aux mêmes causes de destruction, pouvant être mis en œuvre sous des dimensions moindres, donnant par suite des formes nouvelles plus légères et plus hardies, il l'emporte encore sur lui par la facilité qu'il offre d'obtenir des pièces de grandes dimensions que ne peuvent plus fournir nos forêts ; plus résistant et en même temps plus élastique que la pierre, non sujet à la gelée, il se substitue à elle pour former des arcs et des poitrails.

Le fer est mis en œuvre dans les constructions sous trois états différents : comme fer laminé en feuille, alors on l'appelle tôle ; comme fer forgé ou fer proprement dit, enfin comme fer fondu ou fonte. Sa composition chimique fait que, sous ces trois états, ses qualités, au point de vue de la résistance, de la rupture et de l'élasticité, ne sont plus les mêmes ; les fonctions qu'il peut remplir, les formes qui doivent lui être attribuées varient donc et doivent être modifiées dans ces différents cas.

La connaissance des propriétés propres au fer dans chacun de ces états est, on le conçoit, la condition première et indispensable, car elle permet de ne plus employer chacune d'elles que dans les circonstances voulues et de tirer tout le parti possible de qualités qui deviennent de déplorables défauts lorsque la logique et le raisonnement sont laissés de côté.

Le fer forgé et laminé est souple, malléable, extensible, résiste au choc ; la fonte, au contraire, n'est pas malléable, ne subit pas de modifications sensibles sous l'influence des agents extérieurs, résiste à l'écrasement, mais non au choc, se coule enfin au lieu de se forger.

Le fer forgé s'emploie dans les planchers dont il compose les solives, dans les charpentes des combles, où sa grande élasticité se trouve aussi utilisée ; la tôle sert à construire les poutres à grande portée, dites américaines, des limons et marches d'escalier, des murailles, etc. ; la fonte, au contraire, s'utilise comme point d'appui, colonnes, voussoirs d'arc, pièces moulées. Ces trois rôles remplis par le fer ne sont pas cependant entièrement distincts et séparés, mais, au contraire, presque toujours réunis, et sous ses trois états le fer vient, dans la même œuvre, concourir au but commun. Ainsi un plancher, par exemple, emploie la tôle pour former les maîtresses poutres, la fonte pour les sabots servant de semelles et le fer forgé pour les solives de remplissage ; de même, dans un comble, les boîtes d'assemblage sont en fonte, tandis que les pièces à faible section, à longue portée, arbalétriers, tirants, poinçons, etc., sont en fer forgé.

Nous ne pouvons ici entrer dans les développements que demanderait l'énoncé des principes de l'application du fer, nous parlerons seulement d'une des nombreuses combinaisons de fermes mises en usage pour établir un comble, de la plus ancienne et la plus fréquemment utilisée, celle dite ferme Polonceau, du nom de l'ingénieur qui l'appliqua le premier. C'est celle employée à Vernon, et voici de quelles parties se compose une des grandes fermes transversales : au sommet des colonnes en fonte existe un sabot de même matière qui reçoit le pied des arbalétriers ; ces arbalétriers sont à leur base munis d'un étrier auquel s'ajuste le tirant ; à leur sommet ils se réunissent dans une nouvelle boîte en fonte supportant sur chaque face latérale une console sur laquelle s'appuie le faîtage. Sous cette boîte supérieure s'ajuste une plaque en tôle servant à l'assemblage du poinçon d'abord, puis des deux tringles de tirage qui viennent rejoindre le tirant à la moitié de son parcours. Les pannes s'assemblent sur les arbalétriers au moyen de cornières ; les arbalétriers sont soulagés dans leur portée par trois bielles en fonte sur lesquelles se boulonnent les tringles de tirage terminées en fourchette. Les arbalétriers, les pannes, le faîtage, sont en fer forgé double T, les tringles de tirage sont en fer rond.

Ces combinaisons de fermes sont très variées, mais les dispositions générales ne changent pas ; le nombre de bielles augmente ou diminue suivant la longueur des arbalétriers. Mais grandes ou petites, simples ou importantes, ces sortes de fermes laissent les fers agir l'un par rapport à l'autre comme le fait le bois dans les fermes en charpente. Les arbalétriers supportent la charge ; leur écartement est maintenu par le tirant, le poinçon les empêche de se relever, et leur flexion est soulagée par les bielles que les tringles de tirage rendent solidaires et relient d'un côté à l'arbalétrier, de l'autre au poinçon, sans charger le tirant.

L'application des combles en fer dans la construction des halles a permis de réduire considérablement les surfaces pleines, à l'avantage des surfaces couvertes, et dans certains cas, comme à Vernon, de ramener les halles à ne plus être qu'un véritable parapluie, nom sous lequel, du reste, on désigne les abris de cette nature.

La serrurerie de la halle de Vernon a été exécutée dans les ateliers de la Providence. Malgré sa légèreté, elle n'a subi aucune détérioration par l'effet des coups de vent et des orages. Les combles sont en ardoises. Une grille de clôture protège la halle ; une fontaine et des magasins placés aux abords complètent l'ensemble de l'établissement.

La dépense totale s'est élevée 18,543 francs, ce qui fait revenir à 50 francs environ le prix du mètre carré de surface couverte.

ÉVALUATION DES DÉPENSES.

Maçonnerie, fondations, béton, dallage.	2200,00
Charpente (chevrons en bois).	400,00
Serrurerie.	9600,00
Couverture.	2300,00
Vitrerie et fers à moulures	2500,00
Peinture.	600,00
Total.	17660,00
Honoraires de l'architecte, à 5 p. 100.	883,00
Total général.	18543,00

HALLE ET MARCHÉ A SCHERZLIGEN (SUISSE)

(PLANCHES CXII, CXIII ET CXIV)

Un rapprochement que le lecteur pourra facilement faire entre la halle de Vernon et celle de Scherzligen lui fera voir comment un résultat identique peut être obtenu avec des moyens différents et lui permettra de constater en même temps les immenses services que, dans certaines circonstances, le fer est appelé à rendre à l'art de bâtir.

A Vernon comme à Scherzligen, le programme est le même : il s'agit de couvrir un vaste espace, sans entraver la surface libre par aucun point d'appui pouvant gêner la circulation.

Nous avons vu comment ce problème était résolu à Vernon : quatre points d'appui, quatre fermes de face, deux fermes d'arétier suffisaient au système de construction, qui couvrait une surface libre de 360m,00 et résolvait ainsi le problème de la façon la plus heureuse ; mais dans d'autres conditions le bois peut à son tour donner un bon résultat.

Placé au milieu de forêts de sapins, Scherzligen abonde en bois livrés à bas prix, tandis que le fer est au contraire d'un emploi coûteux. C'est donc de bois seulement que l'architecte a dû se servir. La difficulté consistait à couvrir une largeur de 15 mètres jugée nécessaire pour les besoins du service, sans qu'il soit possible d'avoir recours à d'autres points d'appui qu'à ceux placés à l'extrémité de chaque travée; or placer de grandes pièces en les appuyant de bout en bout sur les poteaux eût amené d'inévitables accidents causés par la flexion que leur eût imprimée leur seul poids, à moins d'employer les poutres armées, qui eussent occasionné une dépense inacceptable. Ne pouvant donc soutenir ces pièces à leurs extrémités, ni les soulager dans leur portée, le constructeur a simplement rapproché ses points d'appui, ne laissant entre eux qu'une largeur de 8^m,60 facile à franchir par les entraits, qu'il a en outre eu la précaution de refendre et de moiser, et qui dépassent les poteaux de 3^m,20 de chaque côté. Cette combinaison, dira-t-on sans doute, place les points d'appui à l'intérieur; ce reproche est juste; mais, dans le cas particulier, ne peut offrir aucun inconvénient, puisque l'espace intérieur entre les points d'appui se trouve consacré aux marchands, et que la partie extérieure, au contraire, sert de promenoir aux acheteurs.

Le bois employé est exclusivement du sapin provenant des forêts environnantes: les principales pièces ont l'équarrissage suivant:

Poteaux.	0,20	0,20
Entraits moisés.	0,20	0,15
Arbalétriers.	0,18	0,22
Poinçons.	0,20	0,20
Liens.	0,12	0,12
Moises	0,12	0,20
Chanlattes.	0,05	0,06

TITRE VIII

ABATTOIRS

§ 1. RENSEIGNEMENTS GÉNÉRAUX

Sous le nom d'abattoir, on désigne l'ensemble des bâtiments nécessaires pour abriter, abattre et préparer les animaux de boucherie destinés à l'alimentation publique.

L'importance d'un abattoir dépend donc de l'importance du centre de population au milieu duquel il s'élève ; les dispositions générales, bien que se modifiant suivant les habitudes locales, restent cependant sensiblement les mêmes, car elles sont toujours soumises aux mêmes règles sous le rapport des services généraux, de l'hygiène et de la salubrité.

Les abattoirs sont d'une incontestable utilité, au double point de vue de la santé publique et de la prospérité de l'industrie de la boucherie, base de l'alimentation générale.

En effet, dans les villes, fort rares aujourd'hui, qui sont encore dépourvues d'abattoirs, les animaux sont abattus en général dans les caves de chaque boucher. Ces animaux traversent vivants la ville, où, malgré les fatigues d'un voyage parfois assez long, ils causent de fréquents accidents ; les cris de ces animaux troublent la population pendant la nuit, et dans tout un quartier, les jours où les bouchers abattent, se répand l'odeur de la viande, du sang, des os entassés, des peaux, et celle si insupportable de la fonte des graisses.

En outre, les issues mal préparées se conservent mal et ne donnent pas à l'industrie les résultats qu'une bonne installation avec les aménagements nécessaires lui fait obtenir ; c'est grâce à la création des abattoirs que le sang, au lieu d'être déversé dans les égouts, est recueilli et employé à la clarification des sucres, que la fonte des graisses, au moyen de la vapeur, donne des suifs plus abondants et de meilleure qualité, que les peaux sont desséchées dans des magasins spéciaux où elles perdent presque leur odeur et se dépouillent complétement de toutes les matières nuisant à leur conservation, qu'enfin les os et les issues ont pu être utilement employés dans l'agriculture.

Enfin, l'inspection de la salubrité des animaux est des plus simples et des plus sérieuses si elle se fait en un seul lieu préparé à cet effet, dans lequel les animaux peuvent être isolés les uns des autres, tandis qu'elle devenait impossible ou nécessitait un personnel excessivement nombreux, là où les animaux étaient abattus dans vingt endroits différents.

Ces causes réunies ont, en ces derniers temps, amené la construction d'un grand nombre d'abattoirs, et, les besoins augmentant ou se modifiant, la reconstruction et l'agrandissement de plusieurs autres.

Nous avons dit en commençant que les abattoirs devaient renfermer les bâtiments nécessaires pour abriter, abattre et préparer les animaux de boucherie ; ce triple but à satisfaire nécessite un grand nombre de bâtiments distincts, dont la forme doit nécessairement varier avec la destination.

Nous allons en détail examiner successivement chacun d'eux.

12

Emplacement. — Le choix de l'emplacement où doit s'élever un abattoir n'est pas indifférent; il faut qu'il soit d'abord à une certaine distance de la ville, sans en être toutefois trop éloigné; qu'ensuite il se trouve du côté des routes par lesquelles arrive le plus souvent le bétail, afin que les animaux, si la ville n'est pas pourvue de chemin de ronde, ne soient pas obligés de la traverser, car leur présence, si elle n'y cause pas d'accidents, est toujours une entrave à la circulation.

L'abattoir doit en outre être exposé à tous les vents sans que rien, ni arbres ni plantations, ne vienne le protéger contre les rafales qui balayent d'un seul coup les odeurs et les miasmes de toute nature.

Marché au bétail. — Le marché au bétail doit être situé près de l'abattoir. Les animaux amenés dans l'enceinte du marché, entouré d'une forte clôture, y sont attachés à des pieux élevés au-dessus du sol et reliés entre eux par des traverses; après la vente, les bouchers amènent leurs bêtes à l'abattoir et passent pour cela par une porte munie d'une bascule séparant l'abattoir du marché. Au centre du marché s'élève un bâtiment qui contient le logement d'un gardien, un bureau pour les transactions, un autre pour le service de l'octroi ou de la police, s'il en est besoin.

Mur d'enceinte. — L'abattoir doit être entouré, dans tout son pourtour, d'un mur d'enceinte qui le sépare des propriétés voisines et l'isole complétement. Cette précaution est nécessaire, autant pour s'opposer à toute fraude dans le payement des droits d'octroi que pour éviter les chances d'incendie et les inconvénients résultant d'un voisinage dangereux ou gênant.

Bâtiment d'administration. — Les bâtiments d'administration sont placés près de l'entrée principale. Ils renferment les bureaux de l'octroi avec le logement de l'inspecteur préposé, un corps de garde, le concierge, et au besoin un logement pour un inspecteur de la boucherie; en avant des bureaux, au niveau du sol, se trouve une bascule.

Écuries. — Les jours de marché ne sont pas toujours les jours où l'on abat, les bouchers peuvent et ont intérêt à avoir un certain approvisionnement d'animaux prêts à être abattus. Il faut donc que l'abattoir renferme des écuries pour abriter ces animaux; ces écuries doivent être vastes, spacieuses et arrangées de façon à isoler, au moyen de cloisons mobiles à claire-voie, les animaux de chaque espèce et de chaque propriétaire. Quant à leur surface, elle est déterminée non pas tant par l'importance de la ville que par la fréquence et l'importance des marchés; on comprend qu'en effet si, par exemple, ces marchés avaient lieu tous les jours, les écuries deviendraient en partie superflues.

Au-dessus des écuries sont placés les greniers à fourrages.

Échaudoirs. — On appelle ainsi les cases où l'on abat les animaux; leurs dimensions peuvent varier, elles sont cependant en général, sauf les circonstances particulières, de 4 à 5 mètres de largeur sur 6 à 10 mètres de longueur et 4 à 5 mètres de hauteur. Les échaudoirs communiquent entre eux au moyen de châssis en treillis métallique, qui laissent constamment circuler un courant d'air dans toute leur longueur.

La disposition la plus généralement adoptée consiste à placer les échaudoirs de chaque côté d'une vaste cour couverte, appelée *cour de travail*, dont les extrémités restent libres; tandis que les murs latéraux percés de portes donnent accès dans les échaudoirs. Les animaux sont amenés dans les échaudoirs par la porte opposée, placée en face des écuries, afin qu'ils ne voient jamais la viande de boucherie dont la vue fait parfois entrer les bœufs en fureur.

Les dimensions que nous avons indiquées pour un échaudoir permettent d'abattre à la fois deux bœufs, dans chacun d'eux; les corps abattus, mus par des treuils, sont ensuite placés sur des traverses appelées *pentes*, d'où, après avoir été dépecés, ils sont emportés dans la cour de travail; là, les bouchers les préparent, les chargent directement dans leurs voitures et les emportent à la boucherie sans avoir besoin de traverser l'abattoir; il faut donc pour cela que la grande entrée de la cour de travail se trouve placée en face et près de l'entrée principale de l'abattoir.

Au sol de l'échaudoir, pavé en dalles de pierre dure, sont scellés deux anneaux en fer auxquels on attache les bœufs; le sol est en pente assez inclinée pour permettre un rapide écoulement des eaux provenant du lavage; une borne-fontaine y déverse abondamment toute l'eau nécessaire, et les immondices tombent par un regard dans un égout qui les entraîne au loin.

Le nombre des échaudoirs est déterminé par la quantité d'animaux à abattre chaque jour. Il faut ajouter que parfois, à certains moments, la consommation est nulle et que dans d'autres, au contraire, elle est excessive, que de plus elle varie sensiblement suivant les climats et les saisons. Il faut donc tenir compte de ces considérations et ne pas se contenter du nombre d'échaudoirs strictement nécessaires.

Au-dessus des échaudoirs sont les magasins où se font sécher les peaux; les nombreuses ouvertures de ces magasins sont fermées par des persiennes, et les cloisons qui les séparent sont à claire-voie, afin d'y laisser constamment régner un courant d'air qui les traverse en tous sens.

Les murs, les planchers de toutes ces cases sont enduits et plafonnés afin de faciliter le nettoyage et l'entretien d'une constante propreté.

Le sol de la cour de travail est établi dans les mêmes conditions que celui des cases d'abat, car il est appelé à remplir le même but et à servir au même usage. Les joints de ce dallage doivent être faits avec un soin particulier; l'importance de leur bonne confection est considérable.

Les combles des échaudoirs ont une saillie très-grande sur le nu des murs, afin de protéger les cases contre les ardeurs du soleil, et de fournir un passage libre et à couvert.

Fondoirs. — Les fondoirs sont les lieux où se fondent les graisses. Avant d'établir un fondoir, il faut être fixé d'abord sur la nature des moyens qui doivent être employés pour la fonte des graisses; suivant que tel ou tel système est adopté, les dispositions du bâtiment ne sont plus les mêmes. Décrire ici ces différents systèmes serait peut-être hors de propos; nous dirons seulement que celui adopté avec le plus de succès jusqu'à présent est l'emploi combiné de l'eau chauffée au bain-marie et de la fonte des graisses dans l'eau bouillante.

Les fondoirs doivent être situés près du réservoir et à une certaine distance des écuries. Sous le sol sont des caves et sous les combles des greniers ou magasins; les ouvertures percées dans les murs doivent être larges, nombreuses, afin de laisser s'échapper l'odeur nauséabonde des graisses en fusion.

Porcherie. — La porcherie forme un service à part, séparé des précédents par une cour spacieuse; elle doit comprendre un brûloir où se brûlent les porcs, des écuries où se nourrissent les animaux et des échaudoirs pour les charcutiers et les tripiers. L'importance et le nombre des bâtiments nécessaires est excessivement variable et dépend surtout des habitudes locales qui font que dans certaines villes, par suite d'industries spéciales, la consommation du porc est de beaucoup plus considérable que dans d'autres plus populeuses cependant; il n'y a donc pas à ce sujet de règles fixes et établies.

Réservoirs-égouts. — Les réservoirs sont destinés à contenir la quantité d'eau nécessaire nonseulement aux besoins quotidiens du service, mais à ceux que peut exiger un incendie.

L'eau se distribue dans chaque partie de l'abattoir : elle doit couler en abondance; des bornesfontaines assez rapprochées la répandent partout où elle est nécessaire, même sur les trottoirs, dans les rues, pour le lavage desquelles on peut aussi, dans les villes du Midi, employer les eaux pluviales, au lieu de les diriger directement dans l'intérieur des égouts.

La distribution des eaux doit autant que possible ne pas se faire au moyen de conduites en plomb.

Après avoir été employée au lavage, l'eau saturée de sang et d'immondices se rend dans un réseau d'égouts établi sous chaque bâtiment.

Voirie. — Certaines immondices ne doivent pas être entraînées dans les égouts; elles sont réunies dans des cases spéciales appelées voiries, éloignées le plus possible du centre de l'abattoir et qui, chaque jour, sont vidées et nettoyées.

Près des voiries sont placés des lieux d'aisances.

Un abattoir ne doit pas contenir de trous à fumier, le fumier des écuries devant être enlevé toutes les vingt-quatre heures.

Remises. — Outre les écuries des animaux de boucherie, il est nécessaire que les bouchers aient, pour leur service personnel, des écuries pour leurs chevaux et des remises pour les voitures qui sont indispensables à l'exercice de leur industrie.

Une de ces remises est consacrée à loger la pompe à incendie avec tous les agrès nécessaires.

Éclairage. — Le service de l'abattoir dans certaines villes, et pendant les chaleurs de l'été dans le Midi, se fait surtout la nuit : il est donc nécessaire que les bâtiments puissent être éclairés d'une façon suffisante pour faciliter le travail et assurer une surveillance active et continue.

Cours et rues. — Les cours et rues doivent être pavées, avoir des trottoirs, des rigoles et une pente assez forte pour donner aux eaux un écoulement rapide et éviter les flaques d'eaux stagnantes.

Le programme que nous venons de rappeler s'applique à un abattoir complet dans toutes ses parties; c'est à l'architecte qu'il appartiendra ensuite de modifier ces indications, suivant les circonstances au milieu desquelles il se trouvera.

---

§ 2. NOTICES DESCRIPTIVES

ABATTOIR A GRENADE (HAUTE-GARONNE)

(Planches CXV, CXVI et CXVII)

Il est facile de reconnaître, par les renseignements généraux qui précèdent, que la partie la plus importante à étudier dans un abattoir est la disposition du plan, la coordonnance des différents services et les combinaisons générales rapprochant ou éloignant les uns des autres les bâtiments que leur destination rend solidaires ou indépendants.

Pour résoudre sérieusement ce point capital du programme, il faut donc un vaste emplacement permettant aux constructions de se développer sur une grande étendue, d'obtenir des abords spacieux, des dégagements larges et commodes; ces conditions, nous le faisons observer en passant, s'obtiennent plus facilement dans une petite ville que dans une grande où les terrains, d'un prix élevé, obligent l'architecte à restreindre la surface nécessaire autant qu'il lui est possible.

Les abattoirs, de la catégorie de ceux qui nous occupent, offrent souvent peu d'intérêt au point de vue architectural, bien que leurs bâtiments présentent entre eux, à cause de leur destination différente, une grande variété de formes et de dispositions particulières. Les écuries, ne servant que d'entrepôts provisoires, ne sont que de simples abris; les brûloirs et les fondoirs ne renferment pas les appareils dispendieux et perfectionnés de l'industrie moderne, qui se trouveraient sans emploi dans une petite ville, ont un peu partout la même apparence; seuls les échaudoirs peuvent, suivant les circonstances, se trouver modifiés et offrir entre eux des différences sensibles.

Ainsi, dans l'abattoir de Grenade, les échaudoirs que nos planches font connaître en détail sont formés de petites cases moins importantes que celles ordinairement mises en usage : chacune est laissée à la libre disposition d'un seul boucher ; la cour de travail est couverte afin de mettre les animaux abattus à l'abri des ardeurs du soleil, un courant d'air constant se trouve ménagé au moyen d'ouvertures percées au-dessus des combles inférieurs ; les greniers et dépôts de cuirs ont été jugés inutiles, et, par suite, le comble des échaudoirs peut profiter à l'intérieur.

Les dispositions des autres constructions n'offrent rien de particulier : elles expriment la parfaite satisfaction du programme, et les dessins de nos planches rendent toute explication superflue.

ABATTOIR A VERNON (EURE)

(PLANCHES CXVIII, CXIX ET CXX)

L'abattoir de Vernon occupe un vaste emplacement situé près de la Seine, dans laquelle se déversent les égouts dont le réseau recueille les eaux de lavage et les résidus qui ne peuvent être utilisés.

Les cours intérieures sont vastes et laissent, entre chaque bâtiment, une aération abondante et facile.

La cour de travail n'est pas couverte ; des saillies considérables, formées par le toit des échaudoirs, suffisent pour protéger les bouchers pendant qu'ils sont occupés ; cette disposition, que son économie fait souvent adopter, n'offre pas dans le nord les mêmes inconvénients que dans le Midi, où une température élevée, un soleil ardent, obligent à préparer la viande la nuit et rendent nécessaire un abri clos et permanent.

Les dispositions générales, le choix et la nature des matériaux sont indiqués dans nos planches d'une façon suffisante pour rendre inutiles de plus longs détails, déjà développés à propos de constructions élevées dans la même localité.

TITRE IX

HOPITAUX

§ 1. RENSEIGNEMENTS GÉNÉRAUX

Le développement, sinon la création des hôpitaux date des croisades; une terrible épidémie rapportée d'Orient, la peste, rendit nécessaire l'installation d'établissements destinés à séparer les malades des gens valides; ces établissements, appelés ladreries, maladreries ou léproseries, se composaient, dans le principe, de vastes enclos semés de cabanes; ils se développèrent rapidement et, peu après, nous voyons apparaître les premiers hôpitaux proprement dits.

De nos jours, les institutions de bienfaisance, dues à la charité publique où à l'initiative privée, ont pris une importance considérable; elles ont élevé, pour répondre à leurs besoins, des constructions qui sont de véritables œuvres architecturales offrant le plus grand intérêt.

D'après la nature des services qu'ils sont appelés à rendre, les hôpitaux sont ou *hôpitaux* proprement dits, c'est-à-dire destinés à recevoir des malades, des blessés dont le séjour est temporaire, ou *hospices*, c'est-à-dire destinés à recevoir des vieillards, des infirmes, des enfants orphelins auxquels ils accordent un asile permanent ou temporaire. — Les hôpitaux, quelle que soit leur nature, sont régis par une commission administrative dont les fonctions sont gratuites; ils ont des revenus propres, et, en cas d'insuffisance, reçoivent une allocation sur les fonds de la commune.

Les questions relatives aux hôpitaux ont fait, en ces derniers temps, l'objet de consciencieuses et sérieuses études; la forme des bâtiments, leur disposition, la dimension et l'appropriation des salles, leur aération et chauffage ont été discutés et arrêtés par plusieurs commissions d'hommes spéciaux, dont les rapports sont détaillés dans l'ouvrage publié à ce sujet par M. Husson, directeur de l'assistance publique, à Paris, ouvrage auquel nous renvoyons ceux de nos lecteurs désireux d'approfondir ces questions que nous ne pouvons ici qu'effleurer.

À son entrée à l'hôpital, le malade pénètre dans un bureau où un médecin constate son état, et où un employé l'inscrit; il est de là dirigé dans une pièce où il reçoit les premiers soins de propreté, il quitte ses vêtements, revêt ceux de la maison et est ensuite installé dans une salle. À partir de ce moment, il est soigné, nourri pendant tout le temps de sa maladie; son linge est renouvelé, ses aliments préparés; il peut recevoir les secours de sa religion, et, enfin, ne quitte l'hôpital qu'après son complet rétablissement; c'est à faciliter et à rendre possible l'exécution de ce programme que concourt un hôpital construit dans de bonnes conditions.

La disposition des salles de malades doit être la plus grande préoccupation de l'architecte chargé de construire un hôpital; il est admis aujourd'hui que ces salles ne doivent comprendre qu'un petit nombre de lits, 25 à 30, que le cube d'air nécessaire à chaque malade est de 30 mètres, et que la ventilation doit permettre de fournir 20 mètres cubes d'air par malade; quant à l'installation des détails, il faut que les fenêtres s'ouvrent dans toute la hauteur de l'étage, qu'une fenêtre soit percée entre chaque lit, que près des salles se trouvent les cabinets d'aisances aérés et ventilés, une salle de bains, une salle de propreté, une petite pièce pour la tisanerie et, au besoin, une autre pour la sœur ou l'infirmier de service.

Voici maintenant l'énoncé des conditions générales du programme d'un hôpital de petite ville, le seul dont nous nous occupions ici :

Administration......	Une salle pour la commission administrative. Une pièce pour le secrétaire, économe, concierge.
Salle de malades.	Salle pour hommes, 25 ou 30 lits; — femmes, — 2 pièces séparées pour les maladies contagieuses, près des salles 1 pièce pour l'infirmier et la sœur ; Cabinets d'aisances; Lavabos, tisanerie.
Services généraux..............	Salle d'opérations ; Salle de consultations ; Pharmacie avec son laboratoire ; Cuisine, office, laverie ; Magasins ; Lingerie, séchoir.
Chapelle avec une petite sacristie.	
Communauté des sœurs.........	Cellules ; Réfectoire ; Parloir ; Infirmerie ; Vestiaire ; Lingerie ; Chambres des gens de service.

Les services que nous énumérons ici sont suffisamment complets pour suffire aux exigences des besoins d'une ville de quatrième ordre ; ils peuvent du reste se modifier à l'infini suivant l'importance que doit avoir l'établissement qu'il s'agit d'élever ; nous indiquons seulement une base destinée à servir de point de départ.

Il est presque inutile d'ajouter qu'un hôpital doit être placé dans une position saine et salubre : l'orientation du nord au midi paraît la plus avantageuse.

---

§ 2. NOTICES DESCRIPTIVES

HOPITAL A COLPO (MORBIHAN)

(PLANCHES CXXI, CXXII ET CXXIII)

Le bourg de Colpo a été créé par feu la princesse Bacciochi dans les domaines qu'elle possédait en Bretagne ; les habitations ont été élevées en même temps que les édifices publics, tout était à faire et ce n'a pas été une étude de peu d'intérêt pour un architecte que de concevoir d'un seul jet et d'exécuter de nos jours, en France, un village entier et complet.

Dans l'axe d'une grande avenue centrale s'élève l'église, accompagnée du presbytère et de la maison du médecin, puis, plus au centre, une place, d'un côté la mairie, en face l'hôpital.

Il était difficile de prévoir à l'avance et de limiter d'une manière précise l'accroissement futur du bourg ; cependant comme la population devait exclusivement rester mercenaire, sans se trouver possesseur du sol qu'elle cultivait, cette population ne pouvait acquérir qu'une importance limitée et les établissements publics devaient se restreindre aux conditions les plus modestes. C'est un des côtés intéressants de l'hôpital de Colpo que de voir réunis dans son étroite enceinte tous les services nécessaires à un établissement de cette nature, services que comprennent, avec d'autres proportions et d'autres développements, les établissements de bienfaisance des grandes villes.

Le plan de l'hôpital de Colpo est bien combiné : chaque pièce est à sa place, d'un accès facile et à portée des besoins auxquels elle est appelée à répondre : les salles de malades ont 6^m,50 sur 8 mètres, elles contiennent chacune huit lits, tous séparés les uns des autres par une fenêtre dont la partie supérieure est mobile et indépendante de la partie inférieure ; sous chacune de ces fenêtres, une barbacane formant ventouse facilite le nettoyage et le lavage des salles, et laisse, en cas de besoin, un continuel courant d'air sous les lits ; les salles ont 52 mètres de surface et 4 mètres de haut ; chaque malade jouit donc de 21 mètres cubes d'air, en admettant, fait assez rare, que tous les lits soient occupés ; à l'extrémité des salles se trouve une cheminée d'appel et de chauffage. Une grande différence de niveau a permis d'utiliser l'excédant de hauteur de socle qui existe entre le bâtiment principal et la classe sous laquelle sont placées les cuisines.

Avant de finir cet examen nous signalerons une disposition regrettable, celle de la réunion d'une école à un hôpital ; le bruit que font les enfants doit forcément incommoder les malades, de même que les émanations malsaines des salles doivent nuire à la santé des enfants.

Les matériaux employés sont le granit du pays pour les parties importantes de l'édifice, points d'appui, socle ; les murs sont en moellons recouverts d'enduit ; les voussoirs pieds-droits des fenêtres en briques rouges qui égayent un peu l'aspect gris de l'ensemble, enfin le tuf blanc a été réservé pour les moulures et les profils. — La construction est faite avec soin et économie ; aussi, malgré le prix relativement élevé des matériaux, la dépense n'a-t-elle atteint que le chiffre de 29,041 fr., ce qui fait revenir à environ 85 fr. le mètre carré de surface couverte.

ÉVALUATION DES TRAVAUX

DÉSIGNATION DES TRAVAUX.	QUANTITÉS.	PRIX DE L'UNITÉ.	DÉPENSES.
Déblais.	126,55	0,50	63,27
Maçonnerie hydraulique.	15,72	13,00	204,36
Maçonnerie en fondation.	138,18	10,00	1384,80
Maçonnerie de granit, compris taille des parements.	5,37	96,00	545,00
Maçonnerie de tuf blanc.	68,72	100,00	6872,00
Maçonnerie de briques pressées.	10,20	80,00	846,00
Charpente pour combles et planchers.	»	»	3374,30
Couverture en ardoises.	483,22	2,80	1353,01
Plomberie et zinguerie.	»	»	532,48
Plâtrerie.	»	»	1567,16
Menuiserie.	»	»	2644,05
Serrurerie et gros fers.	»	»	1816,02
Peinture et vitrerie.	»	»	705,24
Travaux divers.	»	»	1688,58
Total.			27658,48
Honoraires de l'architecte, 5 p. 100.			1382,90
Dépenses totales.			29041,08

HOPITAL A POUGUES (NIÈVRE)

(PLANCHES CXXIV, CXXV ET CXXVI)

Nous avons, pour deux motifs, longtemps hésité à publier l'hôpital de Pougues : le premier parce que nous en étions l'auteur, et que nous pouvions par suite craindre que le lecteur ne vît là de notre part la prétention de donner un modèle, le second parce que ce projet n'est pas encore passé dans le domaine de la réalité; mais un hôpital rentrant dans les conditions de notre programme n'était pas facile à trouver, et c'est seulement faute d'un autre que nous publions celui-ci, et encore ferons-nous remarquer que nous ne le donnons qu'à une échelle réduite et sans les développements qu'il aurait pu comporter.

Cet établissement peut recevoir vingt-six malades, dont vingt-quatre répartis dans deux salles de douze lits chacune, et deux dans des chambres séparées; ce nombre serait trop important pour la population de la commune, mais Pougues est une station thermale assez fréquentée, et il fallait tenir compte des étrangers qui, pendant la saison des eaux, viennent réclamer des soins et des secours. La construction est même élevée en tenant compte des prévisions de l'avenir, afin de permettre, s'il est nécessaire, de surélever d'un étage les bâtiments des salles qui contiendront ainsi vingt-quatre malades de plus, soit en tout cinquante lits.

Les dispositions générales de la distribution sont suffisamment indiquées sur les plans pour rendre superflues de longues explications; en avant se trouve, une cour que l'on traverse pour gagner un vestibule sous lequel peuvent pénétrer à couvert les voitures et les brancards; ce vestibule s'ouvre sur un portique qui en face contient la cage de l'escalier, et à droite et à gauche devient une galerie de dégagement pour arriver aux salles de malades et aux services généraux. A chaque extrémité est une issue sur les jardins : la largeur de ce portique lui permet de servir de promenoir, lorsque le mauvais temps rend impossibles les sorties à l'extérieur. A côté du grand escalier existe une galerie qui conduit à la chapelle dont elle forme le porche, desservi par deux portes latérales indépendantes.

Au premier étage se groupent une bibliothèque servant de salle de réunion, la communauté des sœurs avec leur infirmerie, deux chambres pour les malades séparés, la lingerie et une tribune pour la chapelle.

Dans les combles, très-importants, sont placés les chambres pour les gens de service, les magasins, dépôts, etc., etc.; dans les sous-sols, un calorifère, les caves, celliers, soutes à charbon, buanderie, etc.

Un seul escalier ne suffirait pas pour les dégagements de ces divers services, si au lieu de vingt-six malades, l'hôpital en contenait cinquante, comme il peut être appelé à le faire; dans le cas donc de surélévation des salles, des escaliers supplémentaires seraient disposés dans les nos 16 et 17 du plan, et un remaniement peu important permettrait d'installer les pièces devenues nécessaires à la place de la lingerie, reportée dans les combles des salles, que la distribution actuelle n'utilise pas et laisse libres pour augmenter la hauteur des plafonds sans modifier celle des murs.

Les environs de Pougues abondent en pierres bonnes à la construction, les carrières sont bien exploitées. Le socle et les piles du rez-de-chaussée, les rampants des pignons, les corniches sont en pierre de Narcy, le reste est en pierre de Pougues, sauf les parties moulurées en pierre de Mallevaut. La pierre de Narcy est fort belle, dure, ferme, et reçoit très-bien toutes les tailles; la pierre de Pougues a une très-belle apparence, mais elle renferme des nœuds ou cailloux qui l'empêchent

13

de recevoir un profil mouluré, de plus elle est gélive quand son extraction n'a pas lieu en bonne saison. La pierre de Mallevaux est d'un blanc mat, peu gélive, se taillant parfaitement; elle donne des surfaces qui accrochent la lumière et produisent à la taille un très-agréable effet. Les remplissages des murs sont faits en moellons smillés.

Le chêne, qui se trouve en abondance dans les forêts voisines, seul est prescrit pour la charpente et la menuiserie.

Les façades n'appellent l'attention que par le calme et la tranquillité de leurs formes et de leurs détails. L'avant-corps de la façade principale est très-percé, disposition nécessaire puisqu'il fallait que le portique du rez-de-chaussée fût largement ouvert, et que la grande salle du premier étage fût exprimée à l'extérieur. A ce sujet, nous devons faire observer que la colonne centrale, un peu grêle au premier abord, est construite en pierre très-résistante et ne supporte qu'une charge insignifiante, car un arc, placé au-dessus de la grande baie, reporte tout l'effort sur les points d'appui extrêmes; cet arc était du reste nécessaire pour rendre possible l'établissement de la niche supérieure, que les meneaux de la fenêtre eussent été insuffisants à porter.

Le prix du mètre carré de surface couverte revient environ à 150 francs.

ÉVALUATION DES DÉPENSES.

NATURE DES TRAVAUX.	QUANTITÉS.	PRIX DE L'UNITÉ.	DÉPENSES PAR ARTICLE.
Déblais et nivellement.	2000,00	1,00	2000,00
Maçonnerie de moellons.	2600,00	8,00	20800,00
Maçonnerie de pierre de taille de Narcy.	220,00	50,00	11000,00
Maçonnerie de pierre de taille de Mallevaut	140,00	40,00	5600,00
Maçonnerie de pierre de taille de Pougues.	180,00	30,00	5400,00
Taille des parements.	»	»	7450,00
Plâtrerie.	»	»	4700,00
Charpente.	90,00	100,00	9000,00
Couverture.	1100,00	4,00	4400,00
Plomberie.	»	»	4600,00
Menuiserie et parquets.	»	»	11700,00
Serrurerie et gros fers.	»	»	5400,00
Peinture, vitrerie.	»	»	3700,00
Fumisterie, travaux divers.	»	»	24250,00

Total des travaux. 120000,00

Honoraires de l'architecte, 5 p. 100. . . . . . .   5000,00 }
Déboursé et frais de voyage. . . . .   1500,00 }   7500,00

Total général. 127500,00

MOBILIER D'HOPITAUX

(PLANCHES CXXVII ET CXXVIII).

Le mobilier des hôpitaux a été l'objet de constantes améliorations, dont l'unique but était d'aider de plus en plus au soulagement des malades et de leur rendre moins pénible le séjour de l'hôpital.

Voici quels sont aujourd'hui les objets mobiliers dont l'emploi est nécessaire et prescrit par divers règlements administratifs.

Lits. — Les lits sont en fer peint d'une couleur claire; le vert est généralement adopté; ils sont entourés de rideaux blancs qui offrent de précieux avantages pour isoler le malade, le préserver du froid, respecter ses mœurs et ses habitudes sans nuire en aucune façon à la salubrité comme on l'a craint longtemps.

La literie de chaque couche comprend un sommier élastique, un matelas, une plaquette de bourre, deux couvertures, un édredon, deux oreillers, un traversin et enfin tout le linge nécessaire.

Sous le lit se trouve un grand tiroir dans lequel le malade place ses effets, ce qui évite les malles et armoires encombrantes.

Tables de nuit. — Entre chaque lit se place une table de nuit sur laquelle sont déposés les tisanes, carafes, verres, plus à la portée de la main du malade que lorsqu'ils sont déposés sur une étagère à la tête du lit.

Sièges. — Les sièges se composent de chaises confortables rembourrées en crin et de fauteuils élastiques; il faut, en outre, ajouter, suivant l'importance de l'établissement, une ou plusieurs petites voitures mécaniques, mises à la disposition des infirmes et des impotents, pour leur permettre de se promener dans les cours et jardins.

Table roulante. — La distribution des aliments dans les grandes salles se fait au moyen de tables roulantes qu'on approche de chaque lit et qui supportent une marmite à bouillon placée sur un réchaud, un bassin pour potages et une buire pour les liquides.

Appareil à pansements. — Le chirurgien a besoin d'une table qui se roule près de lui au moment des opérations. La partie supérieure de cette table renferme les divers médicaments d'un emploi immédiat, puis, dans les tiroirs inférieurs, les linges, charpies, attelles, etc. Près de ce premier meuble se trouve le buffet à pansements à dessus de marbre et destiné à serrer tous les objets et instruments utiles au chirurgien.

Veilleuse. — La veilleuse remplace les anciennes lampes, dont l'effet sur la poitrine des malades était déplorable. Elle doit être fixée au plafond de façon à suffisamment éclairer chaque partie de la salle.

Lavabos. — Les malades alités reçoivent de la part des infirmiers les soins de propreté nécessaires, mais ceux qui se lèvent doivent vaquer eux-mêmes à ces soins dans des cabinets de toilette disposés près des salles, et qui contiennent des lavabos composés de cuvettes qu'alimentent deux robinets, l'un d'eau chaude, l'autre d'eau froide; un orifice placé dans le fond permet de les vider facilement.

MAISON DE SECOURS A ALLEXE (ARDÈCHE)

(PLANCHES CXXIX CXXX ET CXXXI)

Les communes un peu importantes seules peuvent posséder un hôpital, établissement toujours coûteux, d'abord par suite de la construction première, puis à cause de l'entretien et des frais d'une administration dont le personnel ne peut être trop restreint.

Les villages rapprochés d'une grande ville trouvent dans ce voisinage l'aide et les secours nécessaires; leurs malades y sont transportés, les médecins viennent à leur domicile avec les médicaments nécessaires; mais dans certaines provinces agricoles ou industrielles, les distances à parcourir sont parfois longues et difficiles, et les habitants ne peuvent espérer pour leurs pauvres et leurs malades d'autres secours que ceux mis à leur portée.

Or l'hôpital étant impossible, la bienfaisance y a suppléé au moyen des maisons de secours, qui les remplacent dans une certaine limite. Les maisons de secours sont administrées, en général, par deux ou trois religieuses qui tiennent une petite pharmacie, distribuent les médicaments, en surveillent l'emploi, remettent des secours de toute nature et reçoivent provisoirement les malades qui ne peuvent être soignés chez eux, en attendant leur transport à l'hôpital le plus prochain.

C'est dans de telles conditions qu'a été élevée la maison de secours d'Allexe. Le rez-de-chaussée comprend une grande salle servant à la réception des malades, à la distribution des secours, ou aux assemblées de charité; à droite, la salle du médecin pour ses consultations, la pharmacie et la distribution des secours de tout genre; puis, en face, la cuisine avec ses dépendances et la salle de bains; au premier étage, la salle des malades contenant seulement trois lits, puis le logement des sœurs de la communauté; le dessus de la cuisine est converti en terrasse couverte exposée au midi, abritée du vent, où peuvent se tenir les malades; une cave, un bûcher, un four, un fruitier sont disposés près du bâtiment principal. On trouve donc ainsi réunies, dans un espace restreint, toutes les exigences nécessaires à un établissement de bienfaisance dont l'utilité et les avantages ne peuvent se discuter.

La construction n'offre en elle-même rien qui mérite d'être signalé d'une façon spéciale; les dispositions d'ensemble et de détail sont parfaitement appropriées à leur destination; les matériaux du pays, seuls employés, le sont d'une façon simple, économique, et la forme qui leur est donnée est agréable et sans prétention.

TITRE X

MAGASINS DE POMPES A INCENDI

---

§ 1. RENSEIGNEMENTS GÉNÉRAUX

Les pompes à incendie, possédées par les communes, sont abritées sous des remises qui contiennent non-seulement les pompes proprement dites, mais encore tout le matériel des outils, agrès, seaux, tuyaux, échelles de secours, etc., etc. Ces dépôts, appelés *magasins de pompes à incendie*, sont souvent installés dans un des bâtiments communaux, à la mairie ou à l'école; parfois aussi on élève un bâtiment dont la destination est spéciale et déterminée; dans ce cas, outre la remise, le bâtiment contient, en général, une ou deux pièces servant au logement du gardien, qui, pompier lui-même, veille sur les pompes qui lui sont confiées, prévient ses confrères en cas de sinistre, prépare et délivre le matériel nécessaire.

Comme on le voit, rien n'est moins compliqué que le programme de la construction d'un magasin de pompes à incendies. Aussi, nous sommes-nous contenté de donner deux spécimens de ce genre d'édifices communaux : l'un pris en France, dans le département de l'Aube, l'autre, relevé de l'autre côté du Rhin, dans le duché de Bade. Ces deux exemples suffiront amplement au lecteur pour lui donner une idée de ce que peut être un bâtiment de cette nature.

Les conditions auxquelles doit répondre un magasin de pompes à incendie ne sont formulées d'une façon absolue dans aucun règlement administratif; toutefois nous indiquons, à titre de renseignement, les prescriptions auxquelles sont tenus de se conformer, dans la ville de Paris, les constructeurs chargés de l'établissement d'un poste de sapeurs-pompiers. Nos lecteurs trouveront dans ce document les renseignements qui pourront leur être utiles suivant les circonstances où ils seront placés.

VILLE DE PARIS.

Installation d'un poste de sapeurs-pompiers.

Un poste de sapeurs-pompiers comprend :

1° Une pièce formant le poste et destinée à recevoir les hommes de garde ;
2° Une remise pour la pompe ;
3° Un magasin avec bûcher.

Salle de poste. — Cette pièce sera planchéiée et assez grande pour recevoir trois lits de camp (ayant chacune 1,95 de long, 0,55 de large et 0,40 de haut), une table, un poêle, trois chaises, et enfin, pour laisser aux hommes une facilité de circulation convenable, une porte de communication sera ménagée entre la salle et la remise.

Dans la partie du poste réservée aux lits de camp, on fixera sur la cloison un lambris de 1,50 de hauteur à partir du sol; on placera en outre, sur un des côtés de la salle, une planche à bagages de 2 de long sur 0,40 de large; cette table devra recevoir, au-dessous, 12 ou 15 chevilles de porte-manteaux.

Remise des pompes. — Cette remise sera dallée ou bitumée; l'ouverture franche de la baie de la remise sera de 1m,70 au minimum.

Quant aux dimensions de la pièce, on devra se baser sur le nombre de pompes qu'il doit recevoir en tenant compte de l'espace nécessaire aux accessoires et aux manœuvres.

Dimensions de la pompe. — Longueur, 2m,50; largeur à l'essieu, 1m,40; hauteur de la flèche à terre, 2m,10. En outre de la pompe, il faudra disposer la place nécessaire pour recevoir les appareils spéciaux.

Observation générale. — Le poste et la remise devront, du sol jusqu'à une hauteur de 1m,50, recevoir une couche de peinture brune; tout le reste sera de couleur claire. La peinture sera à l'huile et à trois couches.

Le poste et la remise devront être suffisamment éclairés toute la nuit.

Au-dessus de la porte d'entrée sera placé un drapeau, puis à côté une sonnette d'appel et enfin l'inscription : POSTE DE SAPEURS-POMPIERS.

L'eau potable et un cabinet d'aisances seront mis à la disposition des hommes du poste.

---

§ 2. NOTICES DESCRIPTIVES

MAGASIN DE POMPES A INCENDIE A SAINT-PAUL (AUBE)

(PLANCHE CXXXII)

Le magasin de pompes à incendie de la commune de Saint-Paul comprend, au rez-de-chaussée, une vaste remise pour abriter les pompes avec le matériel nécessaire; une porte ouverte dans le mur latéral donne accès à un petit escalier, au moyen duquel on parvient au premier étage où se trouve le logement du garde.

La construction est en pierre blanche de Savonnières et en briques; la dépense à laquelle s'est élevé l'ensemble des travaux se répartit de la manière suivante :

Terrasse et maçonnerie.	2439,22
Charpente.	840,62
Menuiserie.	848,59
Couverture.	394,67
Plâtrerie, vitrerie, peinture.	529,55
Serrurerie.	227,00
Travaux divers.	303,35
Total.	5600,00
Honoraires de l'architecte, 5 p. 100. . . . 280,00	
Déboursés et frais de voyage. . . . 112,00	392,00
Total général.	5992,00

MAGASIN DE POMPES A INCENDIE A DURGDAUFF (BADE)

(PLANCHE CXXXIII)

Nous avons déjà publié deux ou trois types de constructions en bois, et le peu de variété qu'offre ce genre de construction, au point de vue du système général et des combinaisons d'assemblages, nous aurait fait hésiter à en donner encore un, si nous n'avions pas trouvé dans ce dernier une originale satisfaction d'un programme spécial et une intelligente disposition pour tirer parti du bois, seule matière mise à la disposition du constructeur.

La distribution intérieure de ce petit bâtiment comprend : au rez-de-chaussée, la remise des pompes, un atelier de réparations et un hangar pour le nettoyage des appareils et agrès. A l'étage, deux pièces seulement destinées au logement du gardien. Il fallait plus d'emplacement à l'étage qu'au rez-de-chaussée; cet excédant de surface a été obtenu au moyen d'un encorbellement qui donne à la façade un aspect original; une cloche d'alarme placée sur le faîtage prévient et appelle les pompiers en cas de sinistre. Il n'y a rien de trop dans tout cet ensemble, mais il y a tout ce qu'il faut.

Durgdauff est situé sur la lisière de la Forêt-Noire, le bois ne manquait donc pas au constructeur et il l'a abondamment employé; il a de plus mis en œuvre des combinaisons qui, dans d'autres conditions, seraient sans doute trop coûteuses et que fera facilement comprendre une courte description. Les murs sont d'abord formés de poteaux de 0^m,18 carré, assez rapprochés, placés à des distances inégales et reliés entre eux au moyen de traverses et de semelles; chacun de ces points d'appui a reçu une entaille oblique de 0^m,027 de largeur et de 0^m,08 de longueur; dans ces entailles se loge une première cloison en planches de 0^m,027 inclinées dans le sens de leur largeur et se recouvrant de 4 centimètres, afin de faciliter l'écoulement des eaux pluviales et éviter leur introduction; derrière cette première cloison, et faisant tapisserie à l'intérieur, s'applique une seconde cloison en planches posées bout à bout, se coupant sur les poteaux et assemblées à rainures et languettes; ces deux cloisons sont indépendantes et ainsi séparées par un espace libre de 5 à 6 centimètres, isolant l'extérieur de l'intérieur, qu'il protège contre les influences atmosphériques.

Cette combinaison, malgré sa simplicité, serait évidemment fort dispendieuse dans les localités où le bois ne se trouverait pas à la libre disposition des constructeurs; mais dans les conditions spéciales de Durgdauff, le résultat obtenu est des plus satisfaisants à tous les points de vue.

Ajoutons encore que le bois employé est exclusivement du sapin, peint à l'extérieur et verni à l'intérieur.

TITRE XI

FONTAINES

§ 1. RENSEIGNEMENTS GÉNÉRAUX

Nous trouvons encore aujourd'hui, dans un certain nombre de villes d'origine ancienne, les traces des aqueducs qui, sous l'occupation romaine, allaient chercher parfois très-loin les eaux nécessaires à la consommation publique ; ces constructions considérables mon rent quels soins apportaient les Romains à résoudre une question dont ils comprenaient bien tou e l'importance et dont l'heureuse solution intéressait non-seulement la prospérité, mais l'existenc même de leurs cités.

Au moyen âge les fontaines étaient très-nombreuses, répandues dans les villes et dans les villages, et même en rase campagne, partout enfin où elles se trouvaient nécessaires.

Quelques villes de France, des bords du Rhin, de Suisse et d'Allemagne ont conservé leurs fontaines de cette époque ; mais ces constructions sont malheureusement presque toujours trop dénaturées pour permettre de reconnaître au premier abord, d'une façon précise, e qu'elles étaient autrefois.

De nos jours, la nécessité de donner aux villes une distribution d'eau potable et abondante a été comprise, et partout, avec un développement toujours croissant, s'étudient et s'exécutent les projets devant amener à ce résultat ; les eaux sont détournées des sources les plus proches, conduites et distribuées dans l'intérieur des villes au moyen de bornes-fontaines et de fontaines monumentales de toutes formes et de toutes dimensions.

Les fontaines ne sont pas seulement des monuments utiles, destinés à mettre l'eau à la portée et à la disposition de chacun, ce sont en même temps des monuments décoratifs devant plaire au public ; si l'eau qu'elles distribuent est leur première condition à satisfaire, leur première raison d'être, la seconde est de concourir par leur forme et leur aspect à la décoration de l'ensemble, du milieu qui les entoure.

A ce double point de vue nos fontaines modernes affectent les formes et les dispositions les plus variées ; ce sont tantôt des monuments décoratifs représentant des personnages allégoriques, tantôt des monuments commémoratifs avec les statues de personnages célèbres, tantôt enfin des amas de matériaux : pierre, fonte, bronze, dont les coûteuses combinaisons n'offrent aucun intérêt.

Nos planches représentent six fontaines de diverses formes, d'importance différente, et qui, chacune de son côté, indique la solution d'un programme différent au point de vue de l'utilité pratique et de l'aspect décoratif.

§ 2. NOTICES DESCRIPTIVES

FONTAINE A BERNE (suisse)

(Planche CXXXIV)

Berne, bien que capitale de la Suisse fédérale, n'est qu'une modeste petite ville, qui, cachée dans ses montagnes, a pu conserver son originalité propre et les monuments que lui ont légués les siècles passés. — La Renaissance y a élevé les nombreuses fontaines qui occupent toute la longueur de Kramgasse; ces fontaines sont curieuses, presque toutes bien conservées, sans détérioration sensible.

La fontaine de l'Indépendance, dessinée sur notre planche, se compose d'une grande vasque dont les bords renflés sont très-saillants; la base, au contraire, se trouve en retraite, disposition facilitant l'accès des robinets placés sur les faces d'une colonne centrale qui s'élève au milieu de la vasque; par ces robinets toujours ouverts coule une eau claire et abondante; la colonne est surmontée d'un chapiteau très-orné, servant de base à la statue d'un chevalier porteur de l'étendard national et accompagné de l'ours, allégorie indispensable à tout monument bernois. L'édifice est en pierre du Jura, polie par le temps, et son état de conservation aujourd'hui encore est parfait.

FONTAINE PRÈS FRÉJUS (var)

(Planche CXXXV)

C'est par sa simplicité seule que cette fontaine offre quelque intérêt.

Elle se compose d'une cuve dans laquelle tombent les eaux qui s'écoulent du robinet assez élevé pour laisser la place nécessaire au récipient. Ce robinet est placé au centre d'une dalle découpée et scellée à un grand mur où se trouve logée la conduite qui vient de la source. Ajoutons que la pierre employée est un calcaire très-dur se rapprochant de celui du Jura; que les nus des parements sont mats et que les profils sont polis.

FONTAINE A CHAULGNES (nièvre)

(Planche CXXXVI)

La fontaine de Chaulgnes doit s'élever près de l'église paroissiale; c'est ce voisinage qui explique l'emploi de formes plus particulièrement consacrées par l'habitude aux édifices religieux.

14

Elle sera construite en pierre de Narcy, dont les tons sont variés; la pile centrale et le fût des colonnes seront en pierre bleue, les vasques, les chapiteaux et les bases des colonnes en pierre blanche, les robinets en bronze; un large trottoir entoure le socle afin de laisser le plus possible les abords secs et faciles.

FONTAINE A CARCASSONNE (AUDE)

(Planche CXXXVII)

La fontaine de Carcassonne n'est qu'une borne-fontaine placée dans la vieille cité. Adossée au mur d'enceinte, elle se trouve près de la porte Narbonnaise, dans une sorte de carrefour.

La pierre employée est de la pierre dure du pays, les moulures sont des plus simples, et au lieu d'une décoration futile et hors de propos, l'architecte a préféré chercher une forme agréable et d'heureuses proportions.

FONTAINE-ABREUVOIR A SATINGES (NIÈVRE)

(Planche CXXXVIII)

Il y a des siècles que les habitants de Satinges se servent de leur fontaine, les services qu'elle leur a rendus s'expliquent par la manière complète et facile dont elle répond à leurs besoins.

Élevée au moyen âge sur le bord d'un chemin autrefois très-fréquenté, cette fontaine est adossée au revers d'une montagne d'où découlent les eaux. A leur arrivée, elles se distribuent par deux orifices et tombent dans une vasque dont le trop-plein se décharge à l'extrémité d'une grande auge servant d'abreuvoir au bétail.

On parvient à la fontaine au moyen de quatre marches qui rachètent la différence de niveau entre le chemin et le sol supérieur; une voûte en berceau forme un abri au-dessus de la vasque; cette voûte est recouverte en dalles de pierres de taille; sur le sommet du pignon on voit une petite statue, au fond un écusson avec les armes du donateur sans doute, tout autour un large trottoir qui assainit les abords.

FONTAINE-ABREUVOIR A CHALON-SUR-SAONE (SAONE-ET-LOIRE)

(Planches CXXXIX et CXL)

Boichot, à la fois sculpteur et architecte, vivait au siècle dernier. Il a laissé plusieurs œuvres d'art d'un certain mérite; une des plus remarquables est la fontaine de Neptune élevée sur une des places publiques de Chalon-sur-Saône, sa ville natale.

Ce monument se compose d'une vasque au milieu de laquelle est placé le fût qui contient les tuyaux d'arrivée et de distribution des eaux. A chaque angle sont des dauphins et, au-dessus du fût servant de socle, un Neptune avec ses attributs.

Cette fontaine sert également d'abreuvoir, et ce double but se trouve intelligemment atteint par la disposition particulière donnée à la forme de la vasque qui, vaste et large sur quatre faces, laisse ainsi une grande place libre nécessaire aux animaux, pendant qu'au contraire une retraite intérieure, ménagée au droit de chaque angle, permet au public de s'approcher des robinets qui y sont disposés.

Les sculptures sont très-finement exécutées et parfaitement comprises comme motifs décoratifs, chacune suivant la place différente qu'elle doit occuper. Les guirlandes inférieures, le profil de la vasque, exposés aux atteintes des passants, sont fermes et robustes; au contraire, les consoles qui supportent les dauphins, la statue et les attributs qui l'accompagnent, sont fins et délicats. On pourrait presque reprocher à la statue de paraître maigre à force d'élégance.

La pierre employée pour ce travail provient des carrières de Puligny, aujourd'hui peu exploitées. C'est un calcaire rougeâtre susceptible de recevoir le poli.

Ajoutons, en terminant, qu'il est regrettable que l'administration municipale de Châlon-sur-Saône n'assure pas la conservation de ce petit édifice, au moyen de quelques travaux urgents et peu coûteux.

TITRE XII

DIVERS

PASSERELLE SUR L'AAR (suisse)

(Planche CXLI)

Cette passerelle, jetée au-dessous de Berne sur le torrent de l'Aar, est entièrement en sapin, sauf quelques brides et boulons en fer; elle offre une ingénieuse disposition.

Sur chaque culée, dont la dernière est taillée en sommier, repose un arc, construit d'après le système dit à la Philibert Delorme ; cet arc doublé tient à lui seul tout l'ensemble de la construction et en forme l'ossature principale, complétée par des moises perpendiculaires à l'axe qui supportent le tablier; ce tablier est en outre soutenu à ses deux extrémités par des pannes appuyées sur l'extrados de l'arc; quelques marches rachètent la différence de niveau qui existe forcément entre le sol et le tablier; des croix de Saint-André, placées entre les arcs et en dessous, les roidissent, empêchent la flexion et servent au contreventement.

Ce système de construction très-simple et très-économique a reçu de nombreuses applications dans la Suisse, où les bois abondent et où les chemins de piétons sont seuls encore nombreux.

POTEAU INDICATEUR (à nice). BOITE AUX LETTRES (à lyon)

(Planche CXLII)

Les administrations municipales doivent constamment porter à la connaissance du public certains règlements particuliers qu'ignorent les voyageurs et que feignent d'ignorer les gens mal intentionnés. Les prescriptions locales sont affichées dans le centre des villages, aux endroits les plus apparents ou sur un bâtiment communal, dans les champs sur des poteaux indicateurs dont notre dessin indique la disposition.

Chaque commune possède aujourd'hui sa boîte aux lettres que le facteur ou le piéton doit ouvrir à l'heure de la levée ; ces boîtes, lorsqu'elles ne sont pas fournies par l'administration des postes, varient de forme, mais doivent être solides, fermant à clef et scellées dans la maçonnerie.

PORTES DE CIMETIÈRE

A VIDAILLAT (CREUSE), A SERMAISES (LOIRET)

(PLANCHES CXLIII ET CXLIV)

Les cimetières entouraient autrefois les églises ; la loi de l'an XII interdit les inhumations au milieu des villes et villages, et il fut défendu d'élever des constructions à une distance inférieure à 100 mètres de l'enceinte des nouveaux cimetières.

On exige que les cimetières soient entièrement clos de murs, afin d'éviter l'introduction des animaux au milieu des tombes ; la terre destinée aux sépultures doit être ameublie et assainie jusqu'à une profondeur de deux mètres au moins.

L'asile des morts à la campagne emprunte souvent à une position pittoresque un aspect de grandeur et de noblesse refusé à celui des villes ; sa décoration ne comprend pour un village que la porte d'entrée, la croix centrale, ou bien encore, mais assez rarement, une petite chapelle.

Nous donnons planche CXIII une porte de cimetière et une croix récemment construites à Vidaillat (Creuse) et planche CXLIV une porte de cimetière du XIV° siècle, relevée à Sermaises (Loiret).

CROIX DE CHEMIN

A TOUVENT (INDRE), A PONCEY (SAONE-ET-LOIRE)

(PLANCHES CXLV ET CXLVI)

Les croix des chemins étaient très-fréquentes au moyen âge ; nous en retrouvons souvent qui datent de cette époque, et le clergé se plaît de nos jours, à rappeler par ce moyen quelque pieux souvenir.

La croix de Touvent est située dans le carrefour d'une forêt ; elle est moderne, taillée dans une pierre blanche qui se détache vigoureusement sur le fond vert des arbres ; ses détails sont finement sculptés, et, malgré ses modestes proportions, cet édicule présente une incontestable valeur artistique.

La croix de Poncey se trouve à la croisière de plusieurs chemins; elle date de la fin du xiv° siècle et se trouve en si mauvais état qu'il est à craindre que bientôt elle ne puisse rester debout. Nous serons heureux si notre planche aide à en conserver le souvenir.

MOBILIER D'ÉCOLE PRIMAIRE

(Planche CXLVII)

Nous avons déjà donné (planche XXVII) un dessin de banc destiné aux écoles communales; nous croyons devoir compléter ces renseignements en donnant de nouveau un type de bancs d'élèves et le dessin d'une chaire de maître.

Ces meubles sont construits en chêne et sapin.

Jusqu'ici le fer a été peu ou plutôt pas employé pour ces sortes d'ouvrages; il y a cependant lieu de prévoir que, dans un avenir rapproché, le fer forgé ou la fonte seront utilisés à former les montants et les points d'appui. Les essais tentés dans ce genre pour le mobilier des écoles de dessin ont eu trop de succès pour ne pas s'étendre et se propager.

MOBILIER D'ÉCOLE DE DESSIN

(Planche CXLVIII)

Les nouveaux modèles de meubles à l'usage des écoles de dessin, construits par M. Lenoir, ont eu dès leur apparition le plus grand succès, succès justifié par les avantages qu'ils présentent au point de vue de l'économie obtenue et de la forme.

Notre planche n'est destinée qu'à faire connaître quelques-uns de ces meubles, ceux dont l'usage est le plus fréquent : une selle de modelage et une table de dessinateur.

La selle de modelage, sur fond vertical, est applicable à l'usage du modèle d'après la bosse et à celui du modèle vivant; les deux fonds opposés servent dans le cas où le professeur ne voudrait pas faire exécuter un modèle unique. Les deux socles sont destinés, celui de droite au modèle, celui de gauche à la terre à modeler, aux ébauchoirs et autres ustensiles à l'usage des élèves; cette selle monte et descend verticalement, la plate-forme est à pivots avec deux fonds, ce qui, comme nous l'avons dit, permet l'exécution de deux ouvrages différents.

La tige verticale reçoit à son sommet un appareil d'éclairage.

Les fonds sur lesquels travaillent les élèves sont en bois et maintenus par des équerres à talon renforcés.

Le tabouret servant à cette table est construit en fer creux avec barres d'assemblage et deux platines qui servent à maintenir la partie haute et à fixer le siége.

La table porte-modèle a pour but d'habituer et de contraindre l'élève à dessiner en donnant à son modèle une position qui rappelle celle de la nature. Elle est construite en fonte de fer, ce qui permet l'assemblage par fractions d'une ou deux places et laisse une grande facilité en cas de changement de local. Une barre d'attelage sert de repos aux pieds ; un casier est disposé comme dépôt de crayons ou autres accessoires et supporte le haut des cartons.

Cette table sert à la fois au dessin géométrique et au dessin d'ornement.

MOBILIER DE SALLES D'ASILE

(Planche CXLIX)

Le boulier est le meuble essentiel de la salle d'asile. Il se compose d'une partie supérieure formant pupitre double avec très-peu d'inclinaison ; cette partie supérieure est mobile autour d'un axe qui repose sur un socle servant d'armoire.

Les deux pupitres verticaux reçoivent, l'un les différents alphabets, l'autre les boules servant au calcul (d'où le nom *boulier*). Les panneaux du socle se relèvent, se rabattent sur le pupitre supérieur et présentent un tableau noir.

Le boulier figuré sur notre planche est celui adopté par la Ville de Paris.

POSTE TÉLÉGRAPHIQUE A GRANVILLE (MANCHE)

(Planche CL)

Les postes télégraphiques construits en France avec cette destination spéciale sont très-rares ; c'est un programme nouveau dont la solution peut plus tard devenir fréquente et importante. Il est probable, en effet, qu'imitant en cela les pays voisins, l'administration des postes un jour sera annexée à celle des télégraphes ; l'avantage de réunir ces deux services dans un même bâtiment deviendra sans aucun doute alors une cause déterminante pour faire élever nombre de ces constructions que l'habitude de la part des postes et des télégraphes d'être locataires et non propriétaires rend si rares aujourd'hui.

Le poste télégraphique de Granville est élevé par un particulier d'après un programme de l'administration des télégraphes; il répond aux besoins d'un service public et en même temps aux exigences d'une habitation privée : double but qu'il doit atteindre.

Au rez-de-chaussée, il comprend un vestibule servant de salle d'attente pour le public, en communication directe, au moyen de guichets, avec la salle des manipulations où sont les appareils et les employés, puis une salle pour les piles électriques et un magasin.

Opposée à l'entrée du public, se trouve l'entrée particulière conduisant au logement du chef de station placé au premier étage et composé d'un salon, d'une salle à manger, d'une cuisine et d'une chambre à coucher; deux autres pièces sont ménagées dans les combles.

Nous avons dû, en présentant ce projet, modifier certaines exigences locales dues à la configuration de terrain et n'offrant aucun intérêt au point de vue général; la façade est élevée en granit, pierre du pays, employée presque sans profils ni moulures.

L'ensemble de la construction, la nature des matériaux mis en œuvre se comprennent sans avoir besoin d'être expliquées.

FIN DE L'ARCHITECTURE COMMUNALE.

TABLE DES PLANCHES.

I. — HOTELS DE VILLE. — MAIRIES. — MAISONS D'ÉCOLE.

II. — SALLES D'ASILE.

III. — PRESBYTÈRES.

IV. — MAISONS DE GARDE.

V. — CASERNES.

VI. — LAVOIRS.

VII. — HALLES ET MARCHÉS.

VIII. — ABATTOIRS.

IX. — HOPITAUX.

X. — MAGASINS DE POMPES À INCENDIE.

XI. — FONTAINES.

XII. — DIVERS.

COUPE TRANSVERSALE

PLAN DU REZ-DE-CHAUSSEE

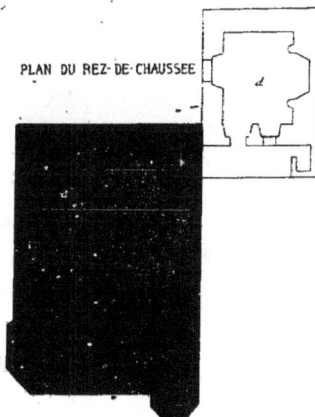

LÉGENDE

a. Salles
b. Escalier
c. Tribune
d. Bâtiment modifié

PLAN DU 2e ETAGE

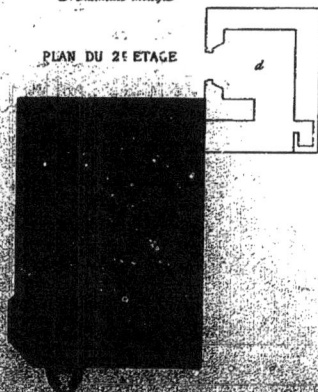

F. Narjoux del.

Cl. Sauvageot sc.

HOTEL DE VILLE

A. MOREL Editeur

ELEVATION PRINCIPALE

F. Narjoux del.

Ch. Sauvageot sc.

HOTEL DE VILLE

à Luxeuil (Hte Saône)

A. MOREL, Éditeur

Imp. Lemercier et Cie Paris

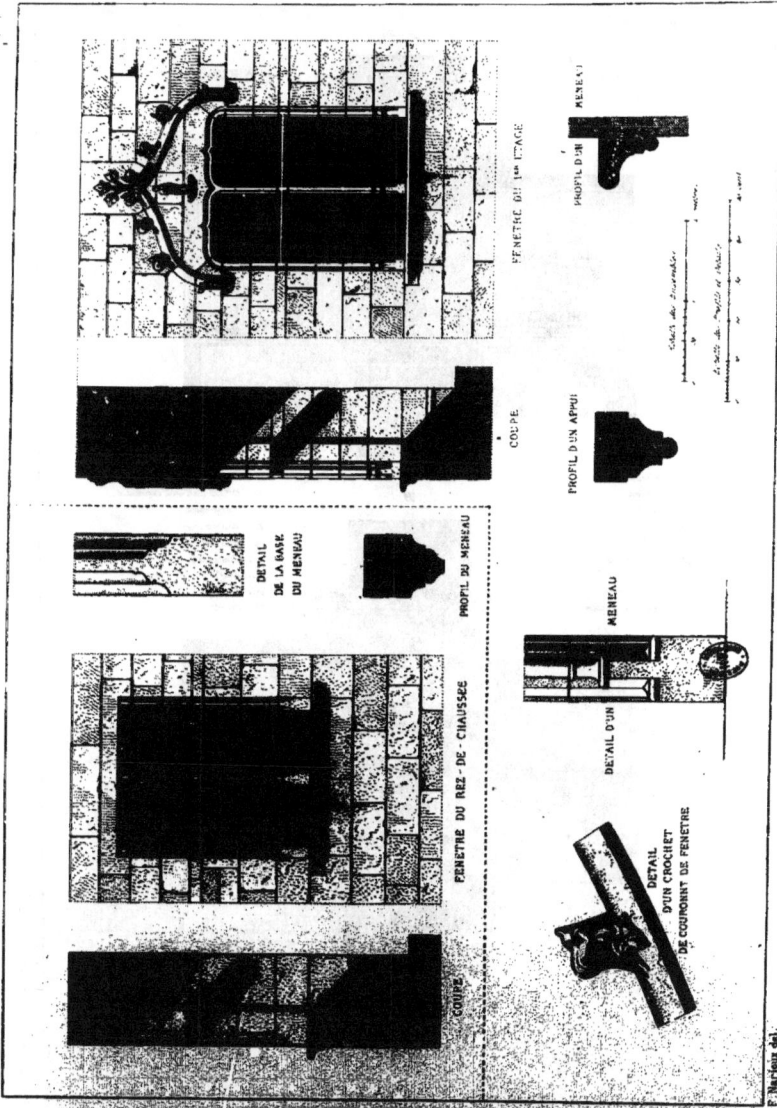

FENÊTRE DU REZ-DE-CHAUSSÉE

COUPE

DÉTAIL DE LA BASE DU MENEAU

PROFIL DU MENEAU

FENÊTRE DU 1er ÉTAGE

COUPE

PROFIL D'UN APPUI

PROFIL D'UN MENEAU

DÉTAIL D'UN MENEAU

DÉTAIL D'UN CROCHET DE COURONNT DE FENÊTRE

HÔTEL DE VILLE
à Luxeuil (Hte Saône)

P. Nargeot del.

A. MOREL, Éditeur

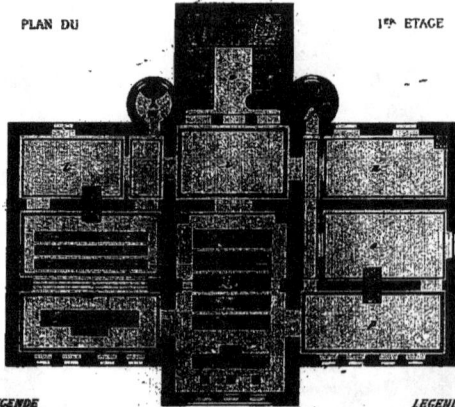

PLAN DU   1ᴱᴿ ETAGE

LEGENDE   *LEGENDE*

a . Galerie   i . Antichambre
b . Vestibule   j . G.ᵉ Salle du Conseil communal
c . Police   k . Dégagement
d . Concierge   l . Bourgmestre
e . G.ᵈ Escalier   m . Etat civil
f . Petit Escalier   n . Secrétaire
g . Directeur des Postes   o . Chef
     et Télégraphe   p . Employés
h . Poste et Télégraphe   q . Privés

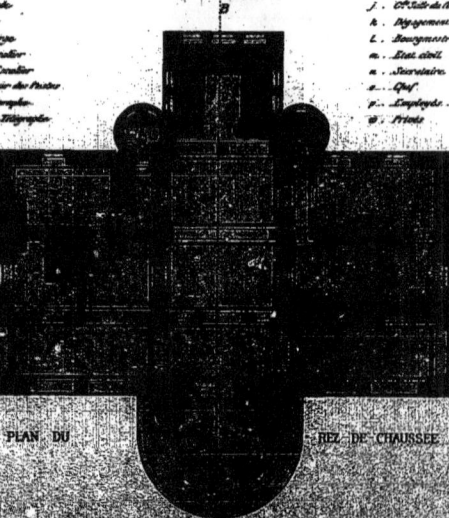

PLAN DU   REZ DE CHAUSSÉE

F. Navarre del.   C.ᵗ Sauvin

HÔTEL DE VILLE

V.ᵉ A. MOREL & C.ᵉ Editeurs

ELEVATION   PRINCIPALE

F. Narjoux del.   Mr POLTZ, Architecte   Cl. Sauvageot sc.

HOTEL DE VILLE
à Manizeim (Allemagne)

Vᵉ A. MOREL et Cⁱᵉ Éditeurs   Imp. Lemercier et Cⁱᵉ, Paris

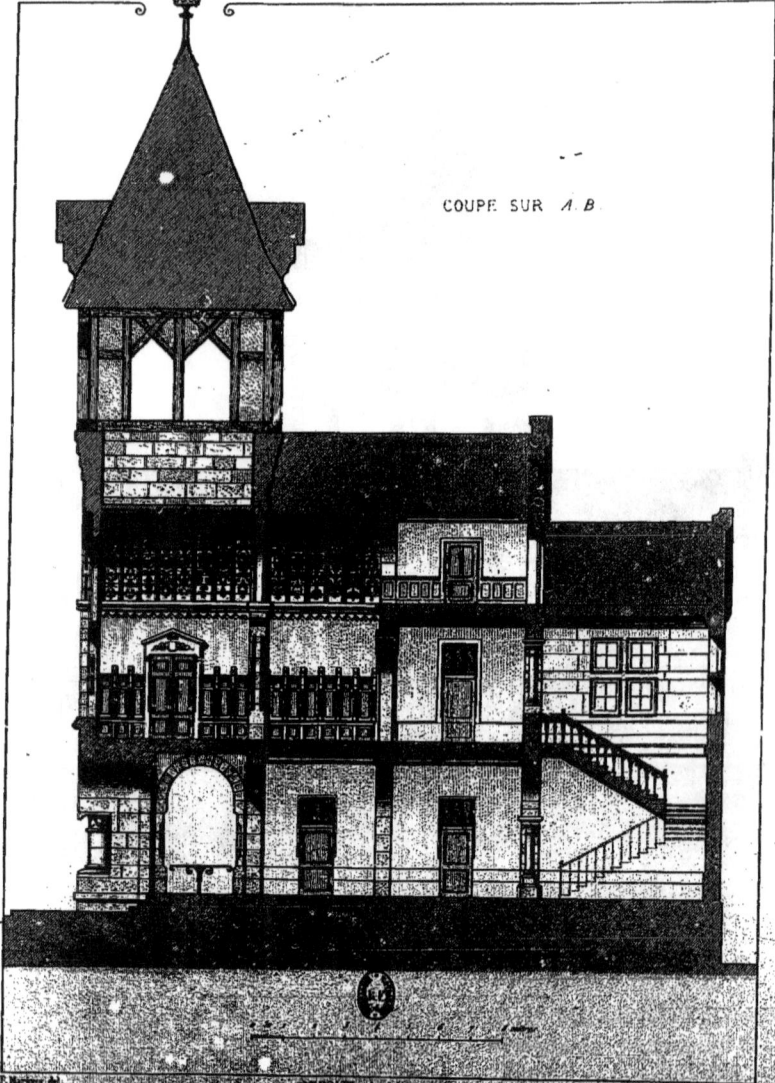

COUPE SUR A B

HOTEL DE VILLE

(Allemagne)

COUPE TRANSVERSALE SUR LA Gᵈᵉ SALLE

COUPE TRANSVᴸᵉ SUR L'ENTRÉE DE L'ESCALIER

LÉGENDE

a   Tribune
b   Mairie
c   Imprimerie
d   Archives
e   Archives et bibliothèque
f   Logement du Secrétaire

PLAN DES COMBLES

PLAN DES MANSARDES

Échelle des coupes

Échelle des Plans

F. Naryoux del.

Mᵗ P... Architecte.

Cl. Sauvageot sc.

HOTEL DE VILLE
à Mantzeim (Allemagne)

Vᵉ A. MOREL et Cⁱᵉ Éditeurs.

Imp. Lemercier et Cⁱᵉ Paris.

LEGENDE

a   Vestibule
b   Entrée
c   Salle des informations
d   Salle d'attente
e   Appareils   } Télégraphe
f   Greffe
g   Trésorier   } Justice de Paix
h   Cabinet de Juge
o   Salle d'audience
k   Escalier de Service
l   Classe
m   Hangard

LEGENDE

n   Corps de garde des Pompiers
o   Atelier
p   Magasin des Pompes
q   Salle du Conseil
r   Secrétariat
s   Bibliothèque Archives
t   Cabinet du Maire
    Logement du Secrétaire
u   Chambre
v   Chambre à coucher
x   Chambre id.
w   Privés

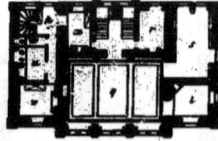

PLAN DU 1er ETAGE

PLAN GENERAL DU REZ-DE-CHAUSSEE

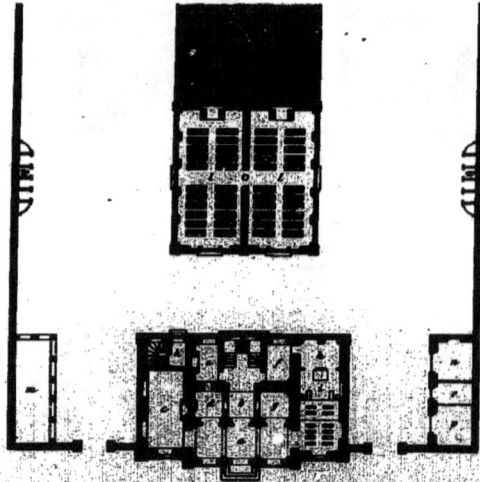

ELEVATION PRINCIPALE

MAIRIE ECOLE ET JUSTICE DE PAIX
à Bain (Ile-et-Vilaine)

M. CHEMANTAIS. Arch.te

Ch Esry sc

A. MOREL, Editeur.

Imp Lemercier et C.e Paris

PL. X.

COUPE TRANSVERSALE

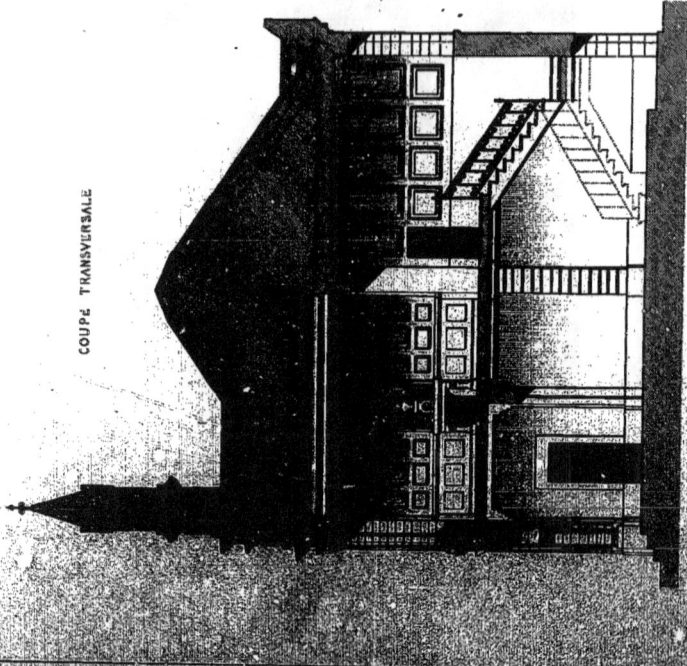

DÉTAIL
DU COURONNEMENT

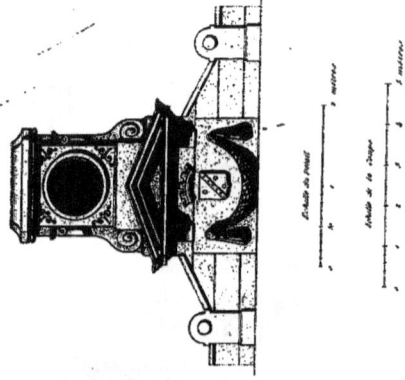

Échelle du Détail
Échelle de la Coupe

Ch. Bury sc.

Imp Lemercier et C..., Paris

MAIRIE ECOLE ET JUSTICE DE PAIX
à Bain (Ile-et-Vilaine)

Mr CHENAL, Architecte

A. MOREL, Éditeur

BATIMENT DES CLASSES
FAÇADE LATERALE

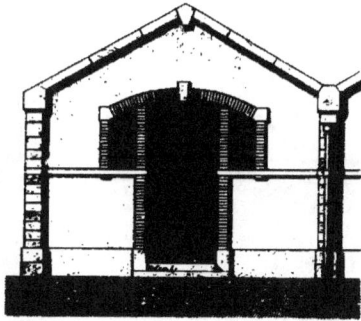

COUPE TRANSVERSALE   ELEVATION DU PIGNON

F. Maryous del.   M⁰ CHE...ES. Arch⁰   Bessy sc.

MAIRIE ECOLE ET JUSTICE DE PAIX
à Bain (Ille-et-Vilaine)

A MOREL. éditeur.   Imp. Lemercier et Cⁱᵉ Paris

COUPE SUR A.B DU PLAN

PLAN DU REZ-DE-CHAUSSEE

PLAN DU 1er ETAGE

LEGENDE

A

B

MAIRIE ET JUSTICE DE PAIX

ELEVATION SUR LA ROUTE

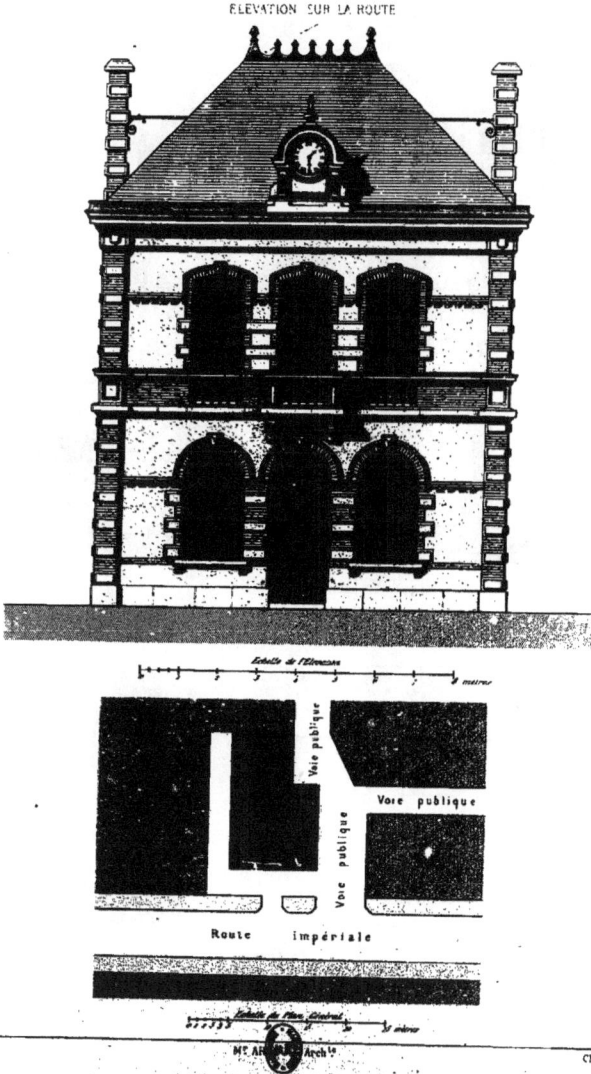

Echelle de l'Elevation

Voie publique

Voie publique

Voie publique

Route impériale

Echelle du Plan Général

F. Naryoux del.

M. AR... Arch.te

Ch. Bury sc.

MAIRIE ET JUSTICE DE PAIX
à Courtomer — (Orne)

A. MOREL. Editeur

Imp. Lemercier et C.ie Paris.

ÉLEVATION PRINCIPALE

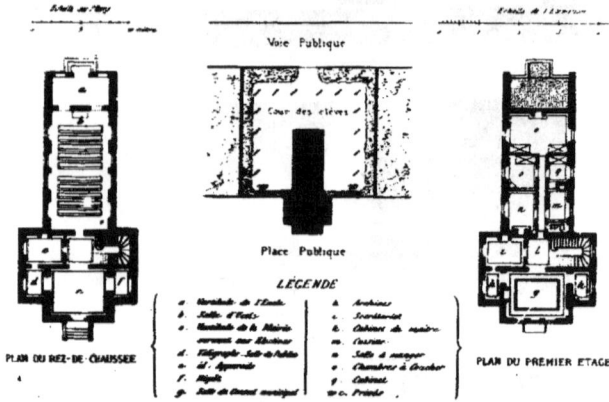

Voie Publique

Cour des élèves

Place Publique

LÉGENDE

PLAN DU REZ-DE-CHAUSSÉE

PLAN DU PREMIER ÉTAGE

F. Narjoux del.

Ch. Sauvageot sc.

MAIRIE ET ÉCOLE

à Étrigny (Saône-et-Loire)

A. MOREL, Éditeur

Imp. Lemercier et Cie Paris

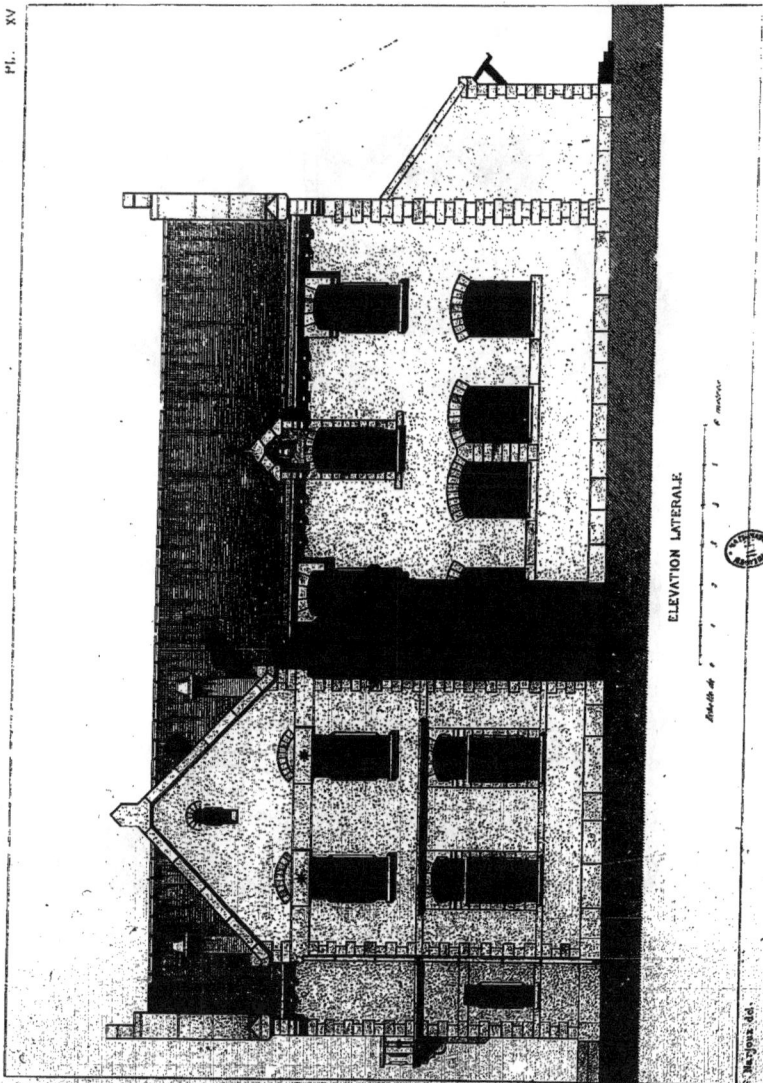

ELEVATION LATERALE

Echelle de

MAIRIE ET ECOLE
à Etrigny (Saône-et-Loire)

F. Margery, del.

A. MOREL, éditeur.

L. Boissier sc.

imp Lemercier et Cie Paris

ÉLÉVATION POSTÉRIEURE

COUPE LONGITUDINALE

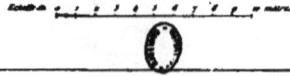

F. Narjoux del.

Ci Sauvageot sc.

MAIRIE ET ECOLE
à Étrigny (Saône-et-Loire)

A. MOREL _Éditeur

Imp. Lemercier et Cie Paris

DÉTAIL DE LA FAÇADE LATÉRALE

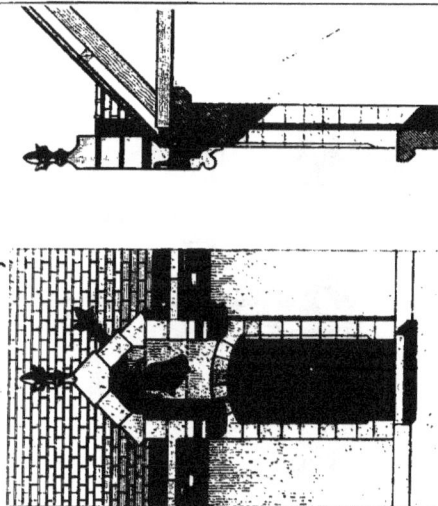

DÉTAIL DE LA FAÇADE PRINCIPALE

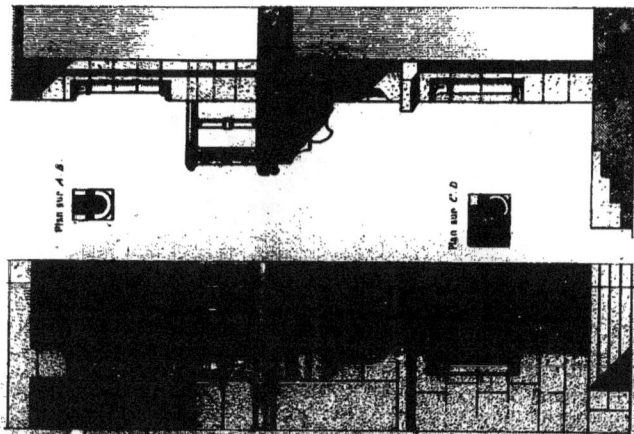

MOTIF DE L'HORLOGE

Profil

Face

Plan sur A. B.

Plan sur C. D.

MAIRIE ET ECOLE
à Etrigny (Saône et Loire)

A. MOREL, Éditeur

PL. XVIII

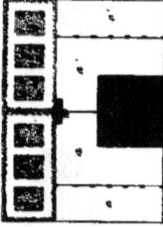

PLAN GENERAL

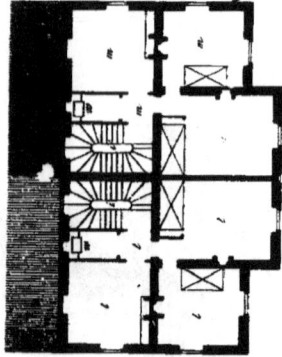

PLAN DU 1er ETAGE

LEGENDE

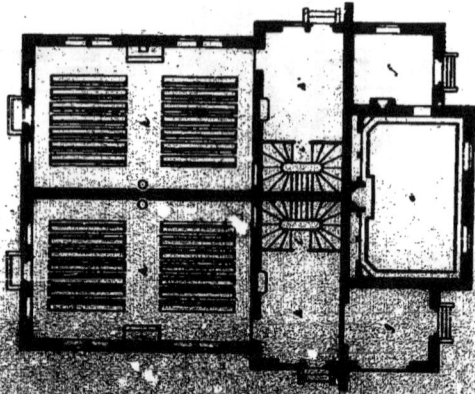

PLAN DU REZ-DE-CHAUSSEE

MAIRIE ET ECOLES

a St Jean d'Arvey (Savoie)

A. MOREL, éditeur.

Imp Lemercier et Cie Paris

A Chappuis sc

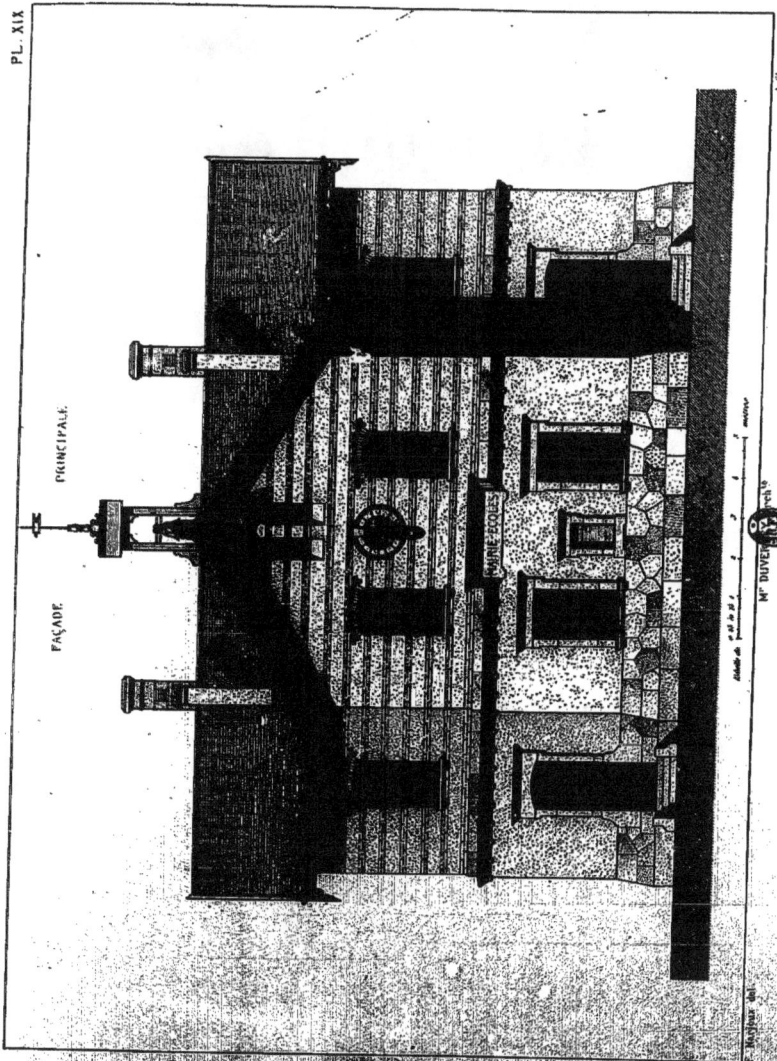

FAÇADE. PRINCIPALE.

MAIRIE ET ECOLES.
à St Jean d'Arvey (Savoie)

Imp Lemercier et Cie Paris.

A.Chappuis. sc

FAÇADE LATÉRALE.

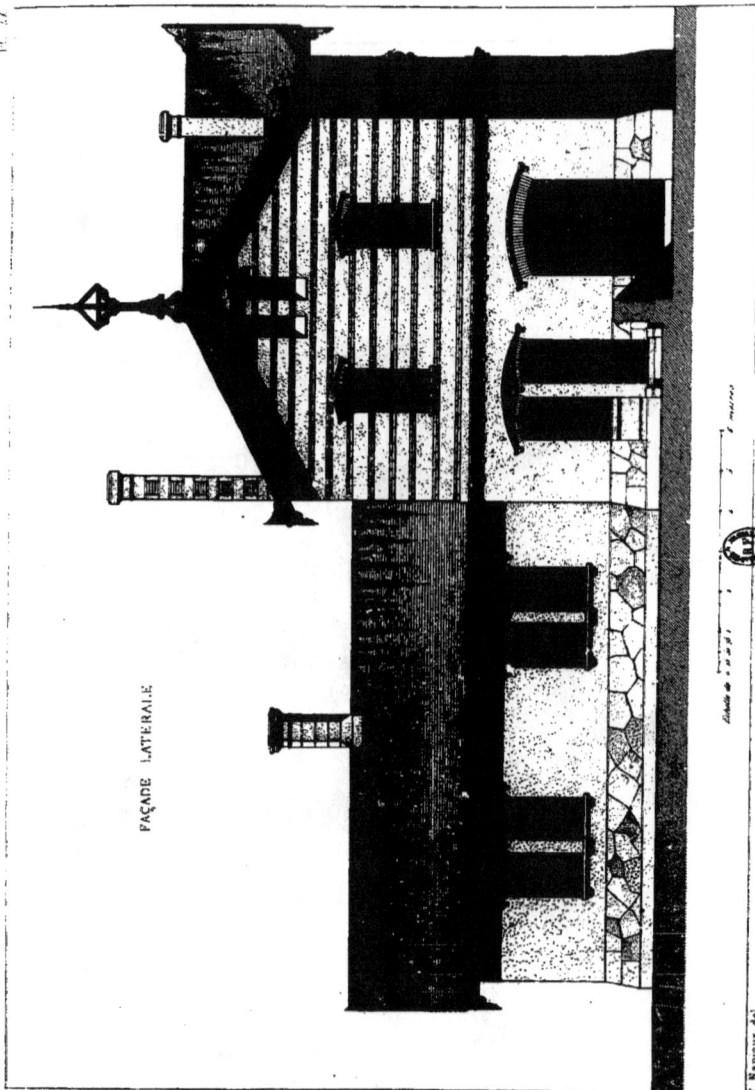

F. Nayoux del.

A. MOREL — éditeur.

M. DUVERNE architecte

MAIRIE ET ECOLES
à St Jean d'Arvey (Savoie)

A. Chapuis

Imp Lemercier et Cie Paris

Echelle de o r m 91

Pl. 73

COUPE LONGITUDINALE

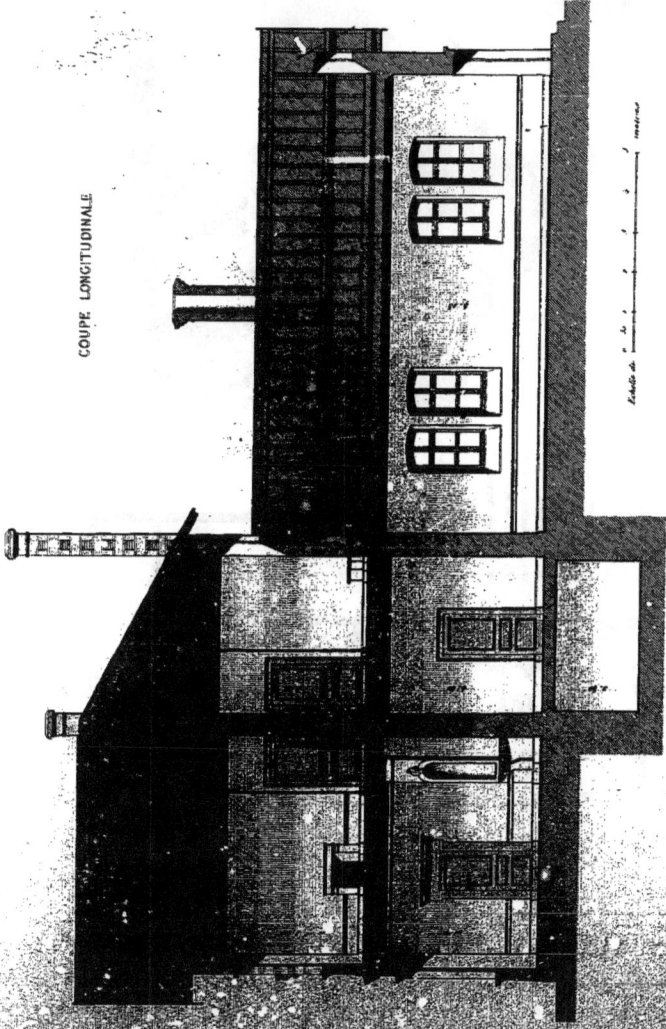

Échelle de

mètres

M. DUBUET Arch.te

A. Chappuis sc

MAIRIE ET ECOLES
à St Jean d'Arvey (Savoie)

Imp. Lemercier et Cie, Paris

A. MOREL Éditeur

ARCHITECTURE COMMUNALE

COUPE TRANSVERSALE

LEGENDE

a. Cour d'entrée
b. Porque d'entrée
c. Vestibule d l'Ecole
d. Classe
e. Bibliothèque
f. Physique
g. Vestibule d'entrée
h. Appartement
i. Secrétaire de la Mairie
j. Cabinet du Maire
k. Salle de Conseil
l. Logement
m. Chambre
n. Chauffoir d'escalier
o. Galetas

PLAN DU 1er ETAGE

PLAN DU REZ-DE-CHAUSSEE

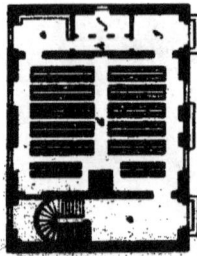

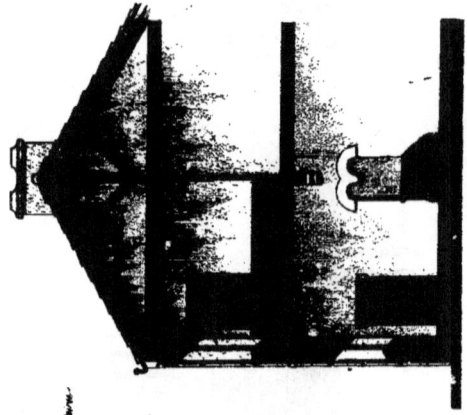

MAIRIE ET ECOLE
à Gabriac – (Aveyron)

A. MOREL, éditeur

ARCHITECTURE COMMUNALE

PL. XXIII

ELEVATION PRINCIPALE

MAIRIE ET ECOLE
à Gabriac (Aveyron)

ELEVATION SUR LA COUR

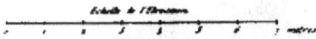

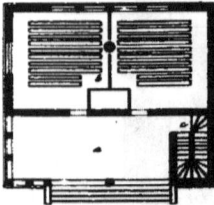

LEGENDE

a Vestibule
b Classe
c Escalier
d Salle du Conseil municipal
e Archives
f Dégagement
h Chambre à feu } Logement
i id. id.   } de
j Cuisine   } l'Instituteur
m Cabinet

PLAN DU REZ-DE-CHAUSSÉE

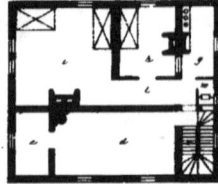

PLAN DU 1er ETAGE

F. Narjoux del.

Mr. BULOT Architecte

Cl. Sauvageot sc

MAIRIE ET ECOLE MIXTE
à St. Pardoux les Cars (Creuse)

A. MOREL. Editeur.

Imp. Lemercier et Cie. Paris.

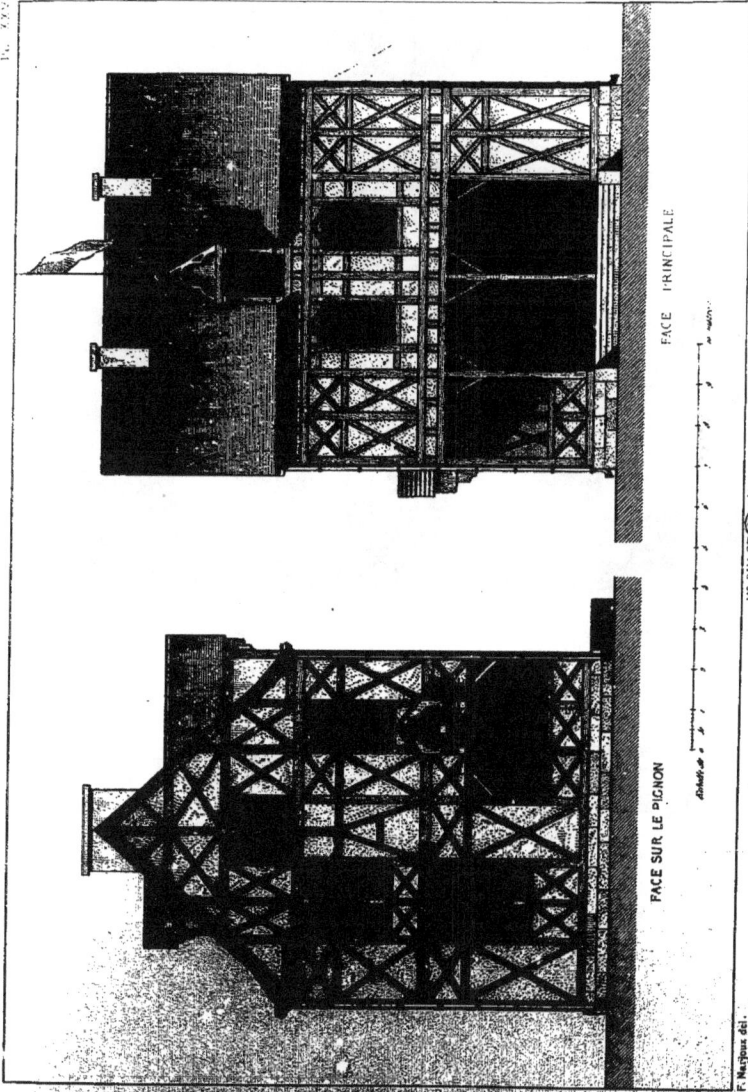

FACE PRINCIPALE

FACE SUR LE PIGNON

MAISON ET ECOLE MIXTE
à St Pardoux les Cars (Creuse)

F. Magnin del.

A. MOREL, Éditeur.

LÉGENDE

a   Vestibule
b   Classe
c   Bibliothèque Com.te
d   Cabinet de l'Instituteur
e   Salle du Conseil Municipal

f   Archives
g   Cuisine de l'Instituteur
h   Chambres
k   Privés
l   Antichambre

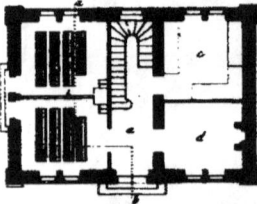

PLAN DU REZ-DE-CHAUSSÉE

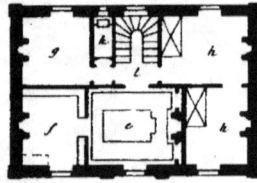

PLAN DU PREMIER ETAGE

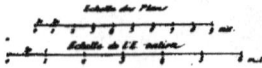

F. Narjoux del.

F. Penel sc.

MAIRIE ET ECOLE

à Castelginest (Haute-Garonne)

A MOREL, éditeur.

Imp. Lemercier & Cie Paris.

COUPE TRANSVERSALE

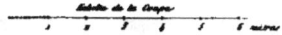

Échelle de la Coupe

F. Narjoux del.

F. Touel sc.

MAIRIE ET ÉCOLE
à Castelgaux (H.te Garonne)

A. MOREL, Éditeur

Imp. Lemercier et C.ie Paris.

COUPE SUR *A.B.*

Échelle de la Coupe

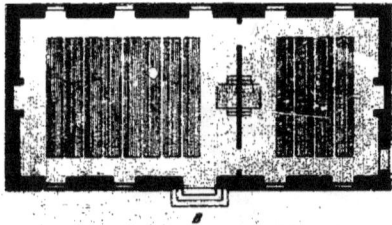

PLAN

MAISON D'ECOLE LAIQUE POUR LES GARÇONS

Pl. XLIX.

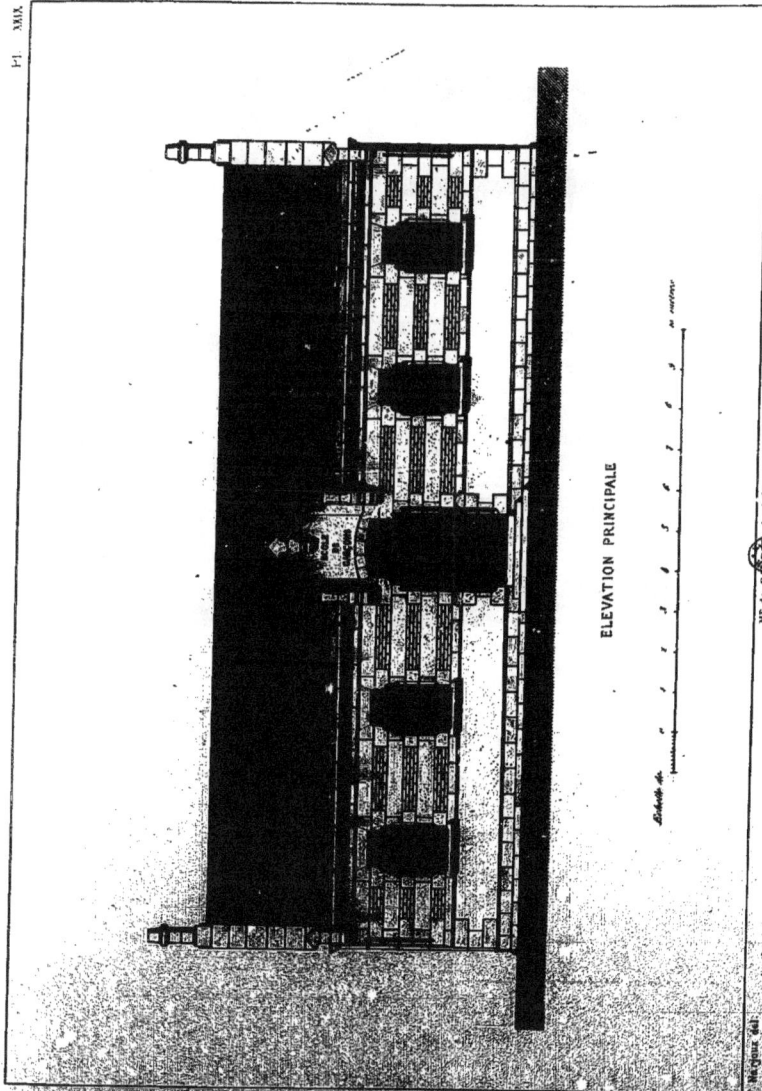

ELEVATION PRINCIPALE

MAISON D'ECOLE LAÏQUE POUR LES GARÇONS
à Beaune la Rolande (Loiret)

Mᵉ de ..... Archᵗᵉ

Dégeon sc.

Imp Lemercier et Cᵉ Paris

A. MOREL, éditeur.

ELEVATION PRINCIPALE

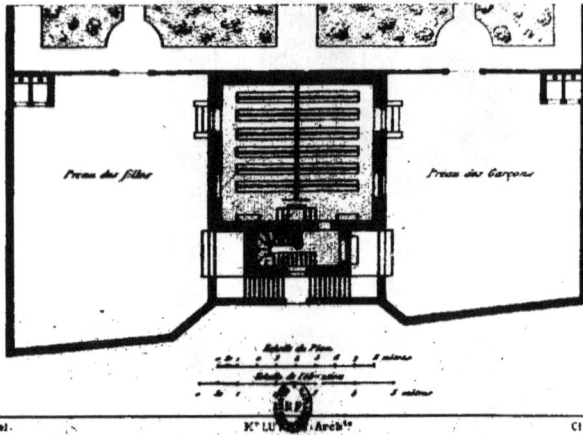

Preau des filles

Preau des Garçons

Echelle du Plan

Echelle de l'Elevation

F. Narjoux del.

M. LU... Arch.

Cl Sauvageot sc.

ECOLE LAIQUE MIXTE
à Lantosot (Basses-Alpes)

A. MOREL, éditeur

Imp. Lemercier et Cie. Paris

ARCHITECTURE COMMUNALE

PL. XXXI

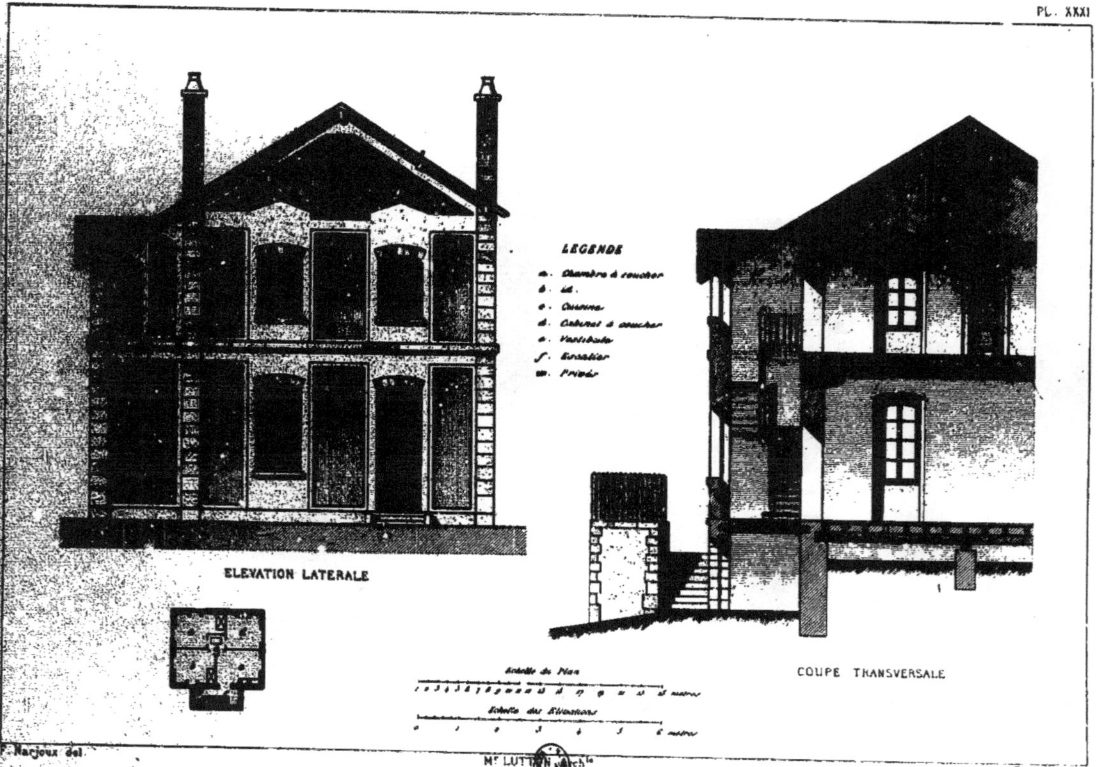

LÉGENDE

COUPE TRANSVERSALE

ÉLÉVATION LATÉRALE

ECOLE LAÏQUE MIXTE
au Lautaret (Basses Alpes)

A. MOREL Éditeur.

Imp. Lemercier et Cⁱᵉ Paris

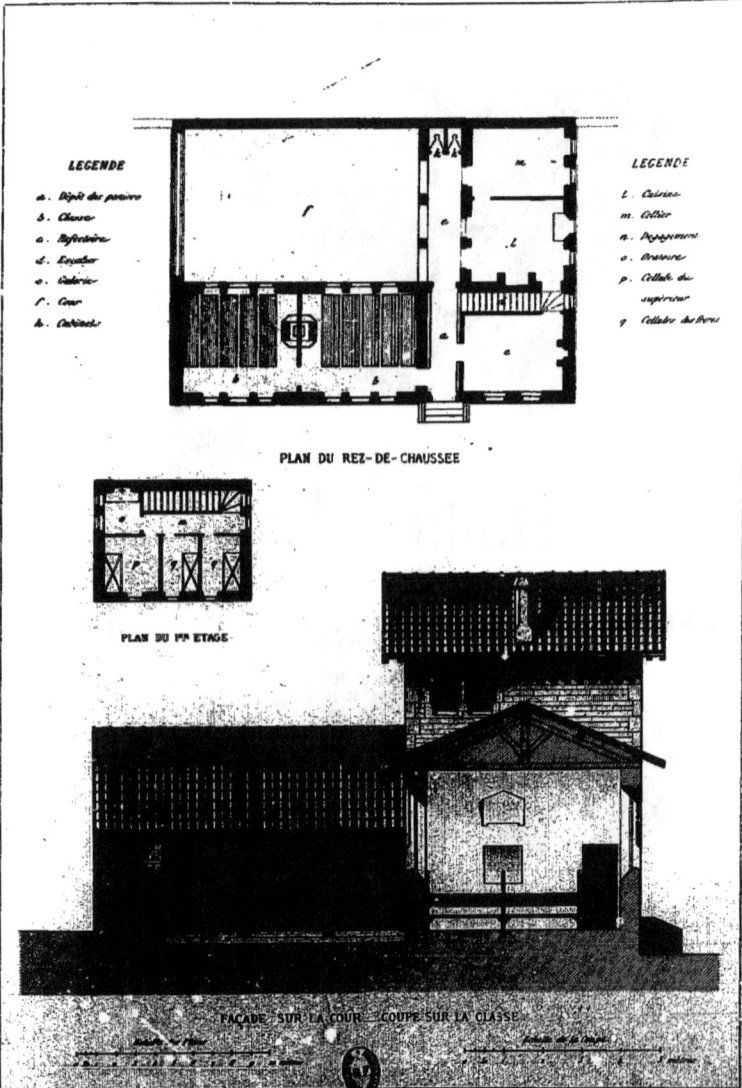

LEGENDE

a. *Dépôt des poudres*
b. *Classe*
c. *Réfectoire*
d. *Escalier*
e. *Galerie*
f. *Cour*
h. *Cabinets*

LEGENDE

l. *Cuisine*
m. *Cellier*
n. *Dégagement*
o. *Brasserie*
p. *Cellule du supérieur*
q. *Cellule des frères*

PLAN DU REZ-DE-CHAUSSEE

PLAN DU 1ER ETAGE

FAÇADE SUR LA COUR — COUPE SUR LA CLASSE

F. Narjoux del.

M. JACOT D'ARC

J. Pont sc.

MAISON D'ÉCOLE CONGREGANISTE DE GARCONS

à Châtillon (Drôme)

A. MOREL, Éditeur.

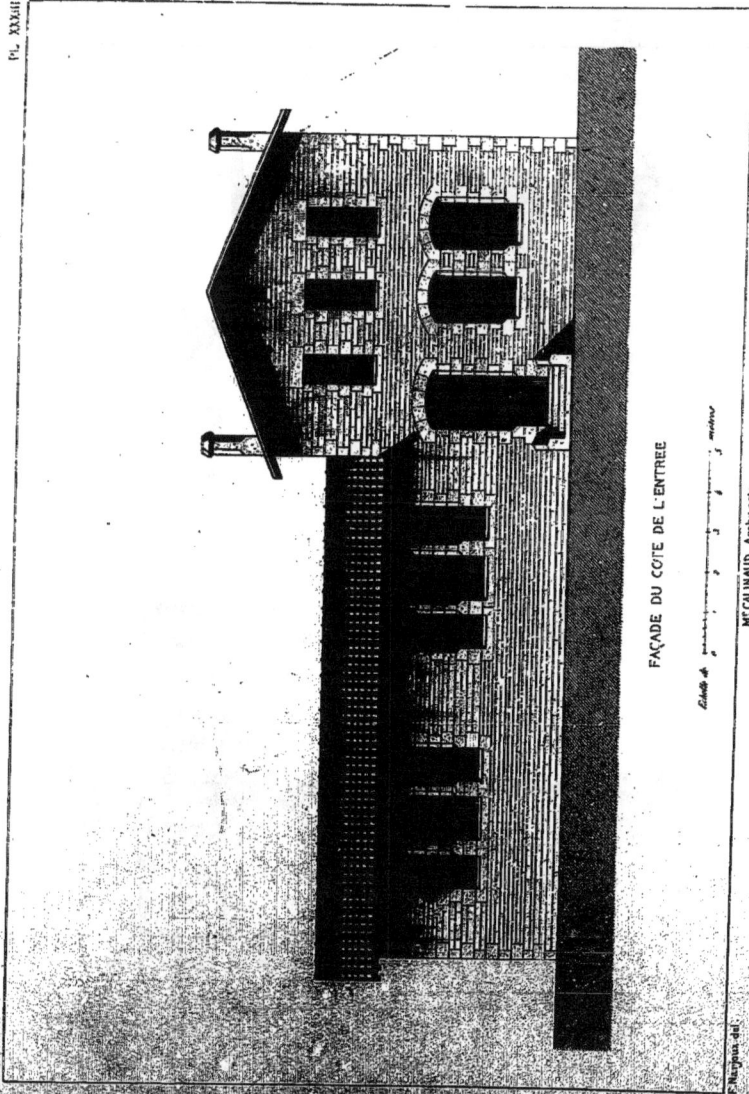

ARCHITECTURE COMMUNALE

Pl. XXXIII

FAÇADE DU COTE DE L'ENTREE

Mr CALINAUD, Architecte.

Echelle de

MAISON D'ÉCOLE CONGRÉGANISTE POUR LES GARÇONS

à Genissieux (Drôme)

F. Narjoux del.

A. MOREL, Éditeur.

Imp Lemercier et Cie Paris

PL. XXIV

COUPE TRANSVERSALE

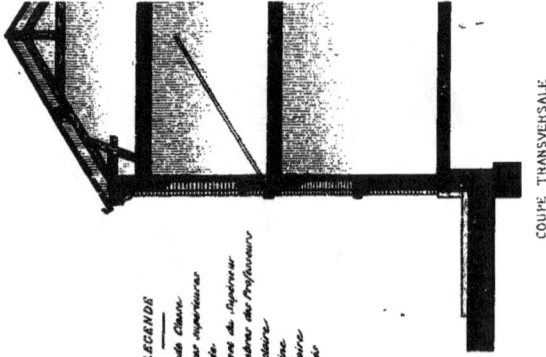

LÉGENDE

a. Grande Classe.
b.b. Classe supérieure.
c. Entrée.
d. Cabinet du Répétiteur.
e. Chambre des Professeurs.
f. Réfectoire.
g. Cuisine.
h. Préau.
u. Privés.

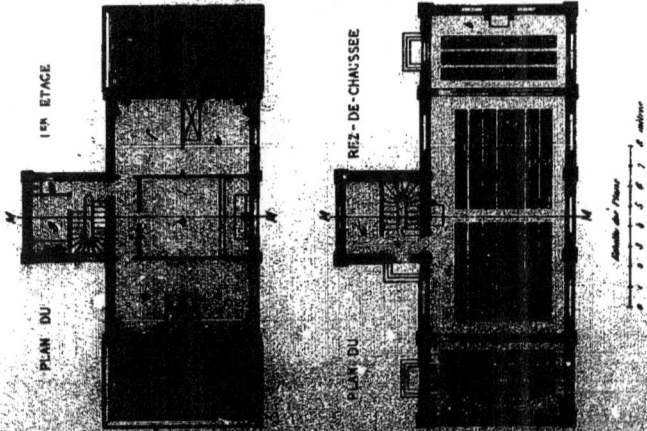

PLAN DU 1ᴱᴿ ÉTAGE

PLAN DU REZ-DE-CHAUSSÉE

ECOLE CONCRECANISTE DE GARÇONS
à Vernonet.—(Eure)

Mᵉ DELBROUCK Éditeur

A. Chappuis sc.

Imp Lemercier et Cⁱᵉ Paris

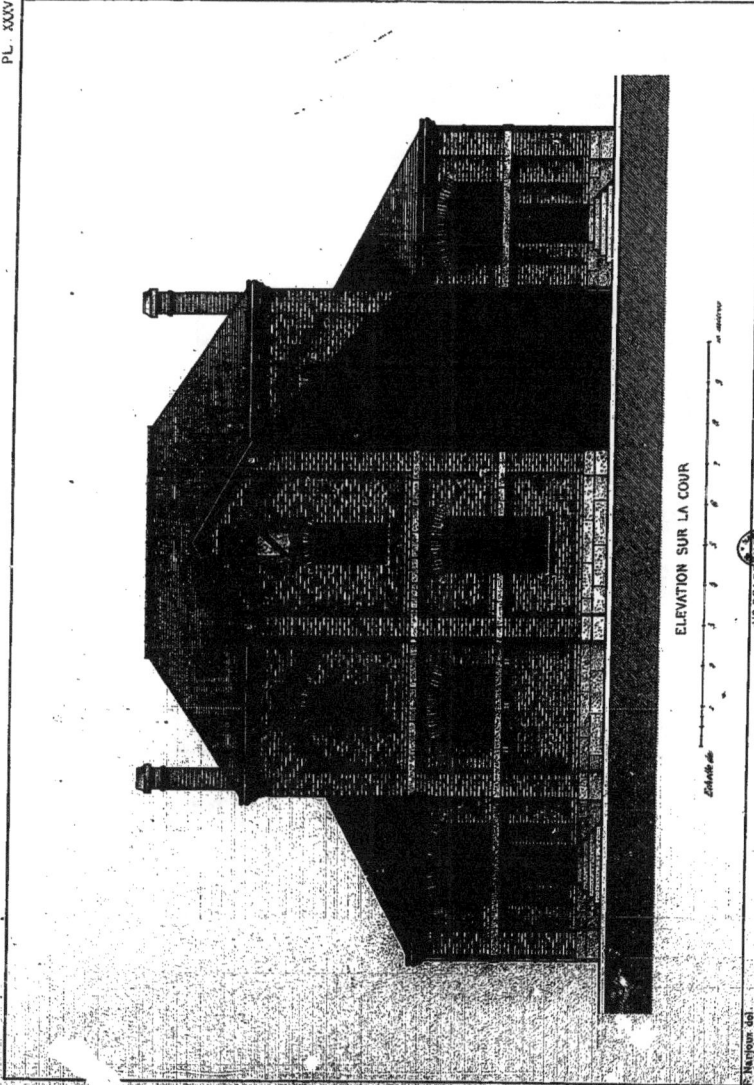

ELEVATION SUR LA COUR

Echelle de

Mr DELBROUCK, Architecte

ECOLE CONGRÉGANISTE DE GARÇONS
à Vernonet._(Eure.)

F. Narjoux del.

A. MOREL._Editeur

A. Chappuis sc.

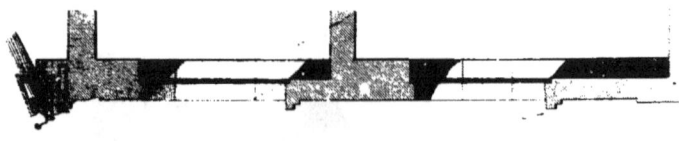

DÉTAILS DE LA FAÇADE

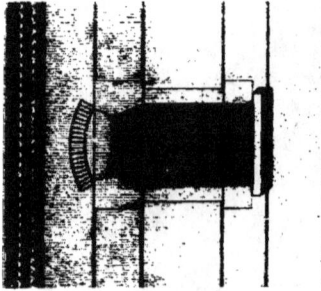

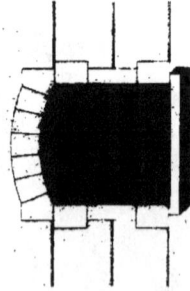

LÉGENDE

PLAN DU REZ-DE-CHAUSSÉE

PLAN DU 1er ÉTAGE

Échelle des Plans

Échelle des détails

F. Marques del.

MAISON D'ÉCOLE

A. MOREL, éditeur

F. Nazjeux del.

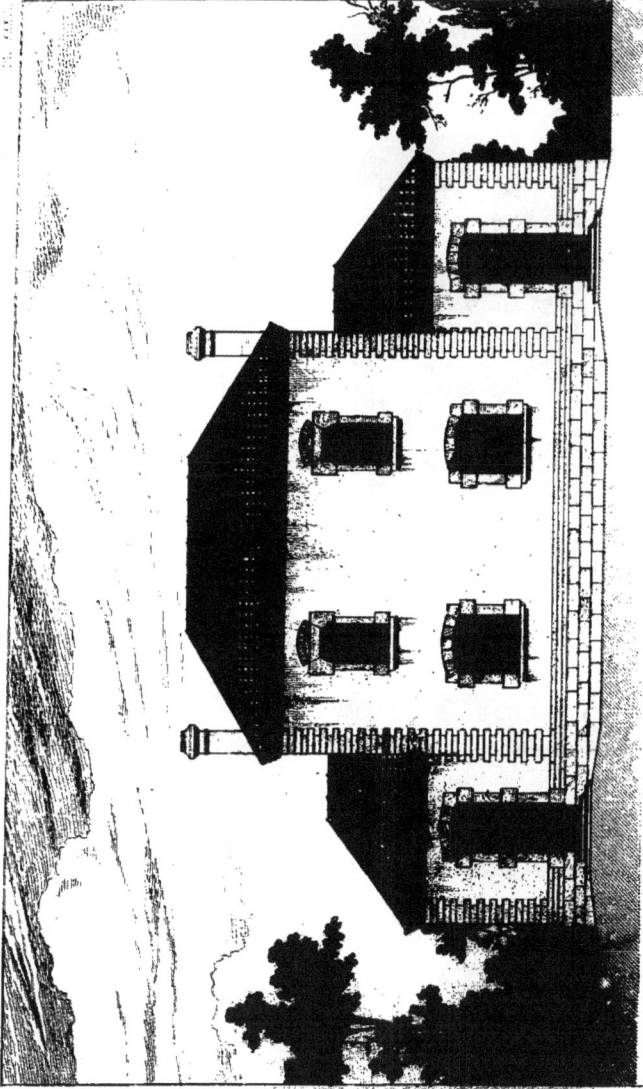

ÉLÉVATION SUR LE JARDIN

Échelle de

M. QUENU, Architecte

MAISON D'ÉCOLE LAIQUE POUR LES FILLES
à Custin (Eure)

Vᵉ A. MOREL et Cⁱᵉ Éditeurs

Pl. XXXIII

DÉTAIL DE LA CORNICHE DE COURONNEMENT

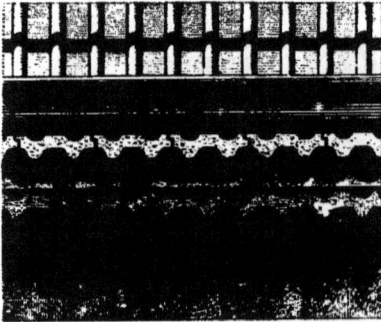

LÉGENDE

a Chanta (gouttière)
b Couverture
c Chambre
d Litteau
e Chevron

f Sablière
g Maçonnerie de Ciment
h Tuile inclinée de 0,01°
i Maçonnerie ord.re
k Masse en briques (Mosellon)
l Nu du mur

DÉTAIL D'UNE BANCHE

PISARD

F. Marjoux, inf. Ch. Bury, sc.

MAISON D'ÉCOLE LAÏQUE POUR LES FILLES

ELEVATION PRINCIPALE

LEGENDE

a Classe
b Ouvroir
c Escalier
d Cuisine
e Chambres à coucher
f Cantine
h W.C.

PLAN DU REZ-DE-CHAUSSEE

PLAN DU 1ᵉʳ ETAGE

Marjaux del.   Cl. Sauvageot sc

MAISON D'ECOLE LAÏQUE POUR LES FILLES
à Juif (Saône-et-Loire)

Vᵉ A. MOREL et Cⁱᵉ Éditeurs.   Imp Lemercier et Cⁱᵉ Paris

ELEVATION LATERALE

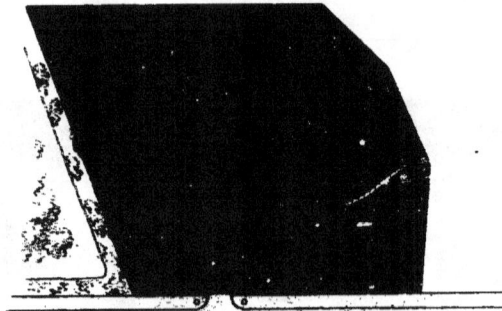

PLAN GENERAL

F. Narjoux del.   C. Sauvageot sc.

MAISON D'ÉCOLE LAIQUE POUR LES FILLES

à ____ (Saône et Loire)

Vᵉ A. MOREL et Cⁱᵉ Éditeurs   Imp. Lemercier et Cⁱᵉ Paris

COUPE TRANSVERSALE
A 0.01ᶜᵉⁿᵗ P. M.

PORTE DE DISTRIBUTION INTÉRIEURE
A 0.05ᶜᵉⁿᵗ P. M

PROFIL   AU ¼ D'EXEC

CABINETS

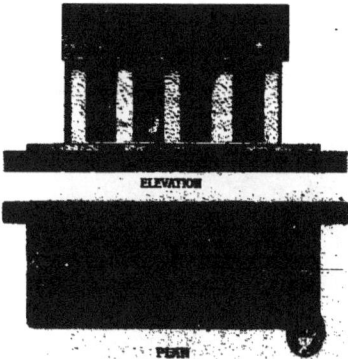

ELEVATION

PLAN

COUPE

F. Narjoux del.   C. Sauvageot sc.

MAISON D'ÉCOLE LAÏQUE POUR LES FILLES

Vᵉ A. MOREL et Cⁱᵉ Éditeurs   Imp.Lemercier et Cⁱᵉ _ Paris

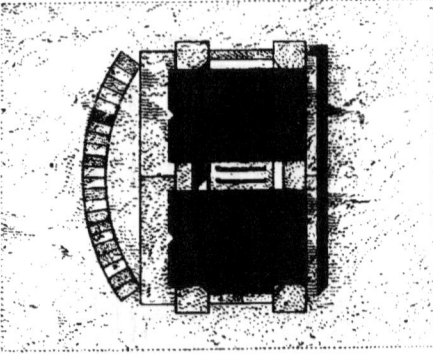

FENÊTRE DE LA FAÇADE LATÉRALE

PLAN

DÉTAIL DE LA PORTE

COUPE

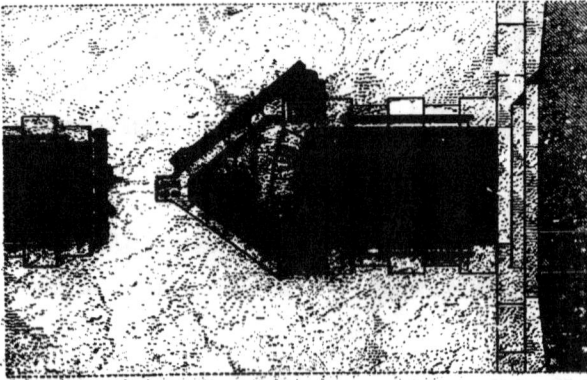

ÉLÉVATION

MAISON D'ÉCOLE LAIQUE POUR LES FILLES
à Jussy (Saône-et-Loire)

T. Nargeot del

Vve A. MOREL et Cie Éditeurs

PLAN DU PREMIER ÉTAGE

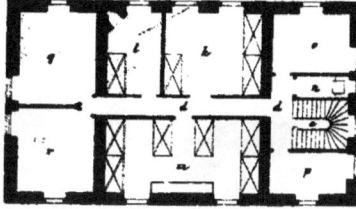

COUPE

LÉGENDE

a. Préau
b. Classe
c. Dépôt des Passoirs
d. Dégagement
e. Escalier
f. Ouvroir
g. Cuisine
h. Réfectoire
k. Dortoir des Sœurs

LÉGENDE

l. Infirmerie
m. Dortoir des Élèves
n. W.C.
o. Lingerie
p. Vestiaire
q. Grenier
r. Magasin
s. W.C. dans la Cour

PLAN DU REZ-DE-CHAUSSÉE

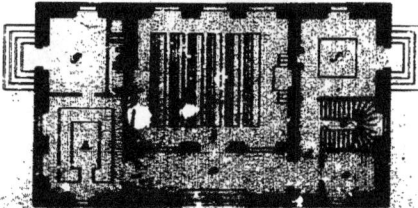

MAISON D'ÉCOLE CONGRÉGANISTE POUR LES FILLES

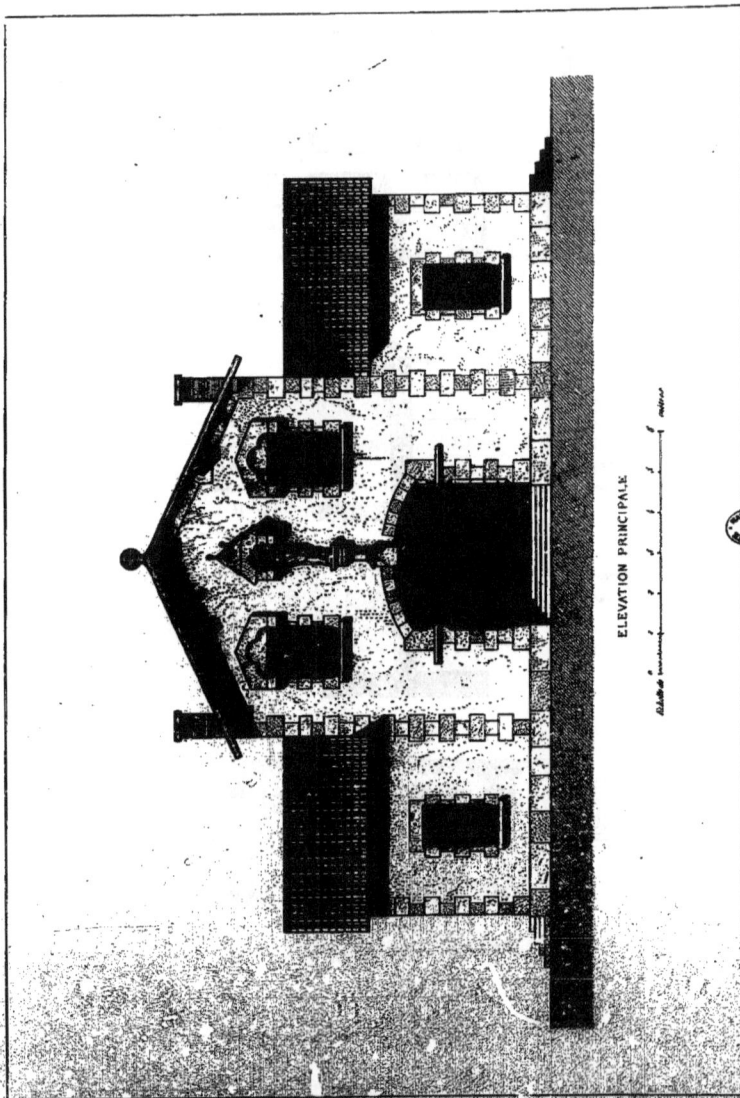

ELEVATION PRINCIPALE

ECOLE CONGREGANISTE DE FILLES
à Montvendre — (Drôme)

Cl. Sauvageot sc

Imp Lemercier et Cie Paris

A. MOREL éditeur.

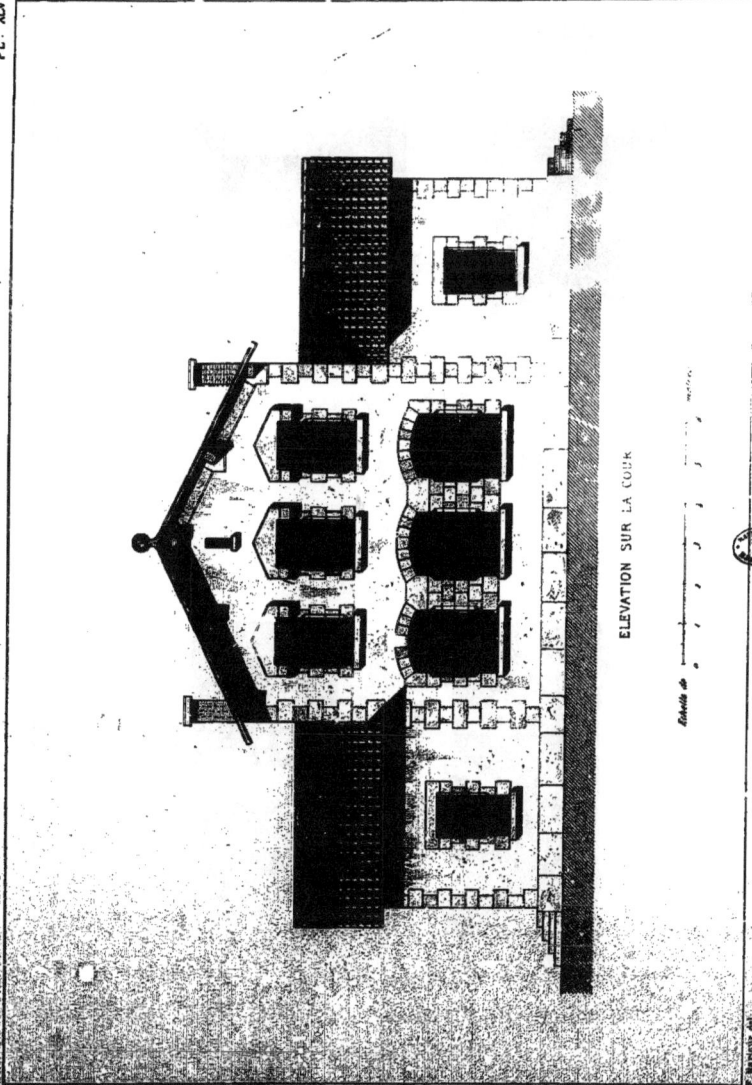

ELEVATION SUR LA COUR

Echelle de

ECOLE CONGREGANISTE DE FILLES
à Montvendre (Drôme)

Pl. XLI.

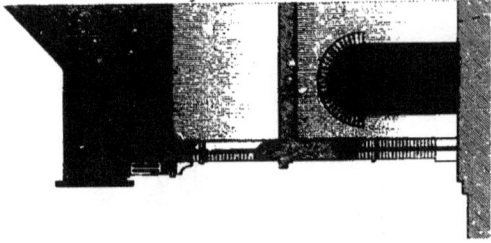

COUPE TRANSVERSALE

Échelle de la coupe

LÉGENDE

a Classe
b Ouvroir
c Vestibule des Élèves
d Vestibule des Sœurs
e Dégagement
f Cuisine
g Abbeés des Sœurs
h Réfectoire
i Oratoire
m Préau

PLAN DU REZ-DE-CHAUSSÉE

Échelle des Plans

PLAN DU 1er ETAGE

Magnus del.

M.r BANHES Architecte

MAISON D'ECOLE CONGRECANISTE POUR LES FILLES
à St Léger Bourg Denis (Seine Inférieure)

V.te A. MOREL et C.ie Éditeurs

Imp Lemercier et C.ie Paris

PL. XLVII

Cl. Sauvageot

Imp. Lemercier et Cie Paris

ELEVATION PRINCIPALE

Échelle de

M. Ba... Architecte

MAISON D'ECOLE CONCREGANISTE DE FILLES
à Saint Leger Bourg Denis (Seine-Inférieure)

F. Margotin del.

Vve A. MOREL et Cie Éditeurs.

ARCHITECTURE COMMUNALE

COUPE TRANSVERSALE

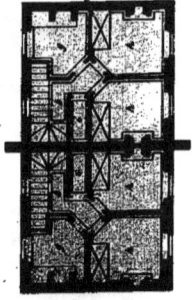

PLAN DU 1er ÉTAGE

LÉGENDE

1. Classe des Garçons
2. id. — des Filles
3. Vestibules
4. Préaux couverts
5. Cour des Garçons
6. id. — des Filles
7. Jardin de l'Instituteur
8. id. — de l'Institutrice
9. Cuisine
10. Chambre à coucher
11. Débarras
12. Privés

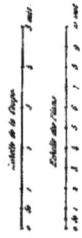

Largeur de la Coupe

Échelle des Plans

PLAN GÉNÉRAL

F. Narjoux del.

ÉCOLE DE FILLES ET GARÇONS

à Gaubert (Basses Alpes)

Vve J. MOREL et Cie Editeurs.

ARCHITECTURE COMMUNALE

PL. XLIX

FAÇADE PRINCIPALE

ECOLE DE FILLES ET GARÇONS
à Gaubert (Basses Alpes)

Mr LUTTON Architecte

Vve A. MOREL et Cie Editeurs.

ARCHITECTURE COMMUNALE

Pl. L.

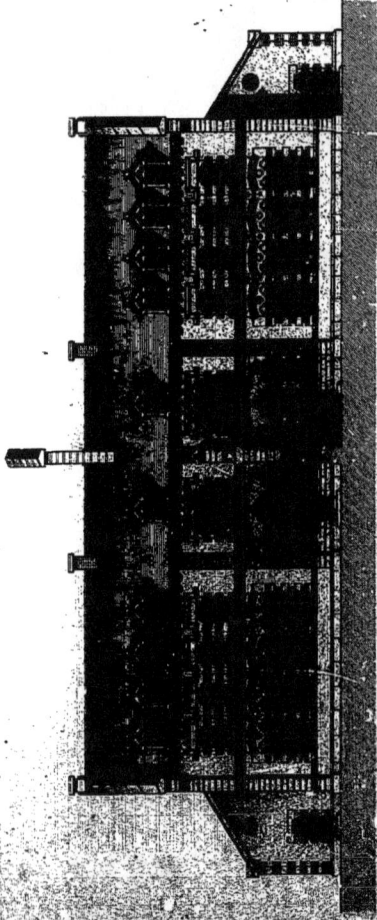

ELEVATION PRINCIPALE

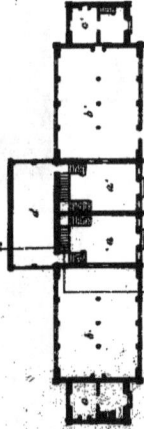

PLAN

LÉGENDE

a : Classe des filles
b : Classe des garçons
c : Vestiaire
d : Grande Salle de l'Orphelin

Échelle du Plan

ECOLE DE FILLES ET DE GARÇONS
à Aillant sur Tholon (Yonne)

M. MOREL, Éditeur

Imp Lemercier et Cie Paris

Ch Bury sc

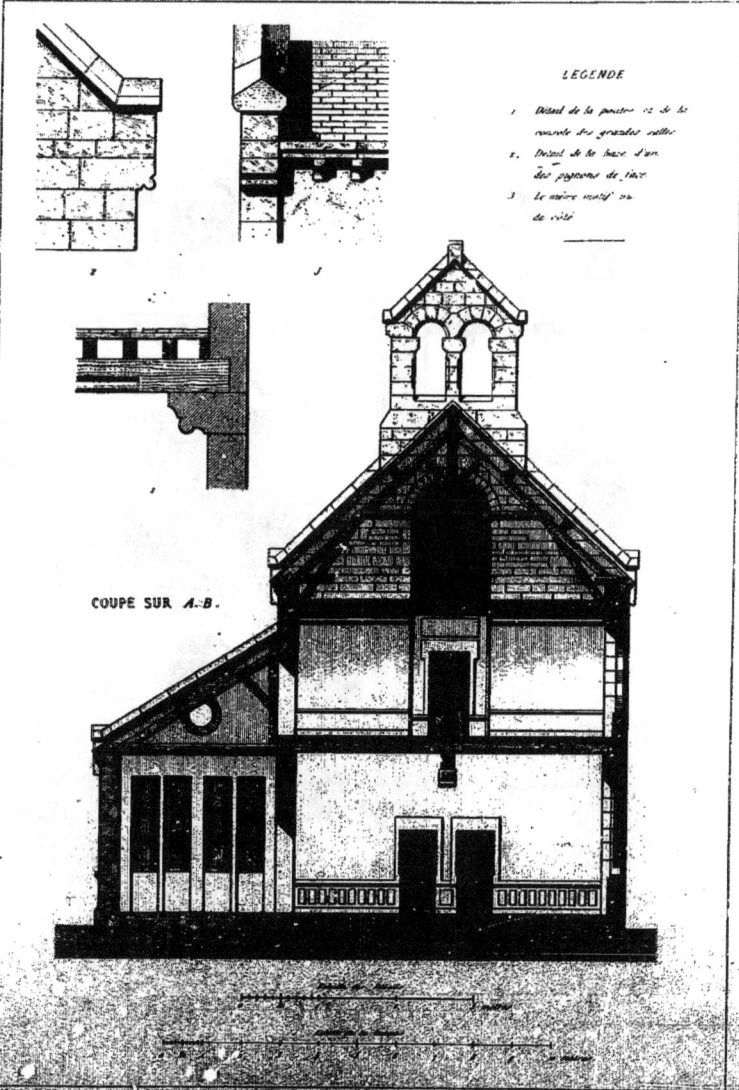

LEGENDE

1 Détail de la poutre et de la
   corniche des grandes salles

2 Détail de la base d'un
   des pignons de face

3 Le même motif vu
   de côté

COUPE SUR A.-B.

L'ECOLE DE FILLES ET DE GARÇONS

DETAIL DE LA FAÇADE

ÉCOLE DE FILLES ET DE GARÇONS
a Aillant sur Tholon (Yonne)

A. MOREL, Editeur .

Imp. Lemercier et Cie Paris

www.ingramcontent.com/pod-product-compliance
Lightning Source LLC
Chambersburg PA
CBHW072056080426
42733CB00010B/2137